자수로 만드는 나만의 패션

호라이 와카코

CONTENTS

FLOWERS

4 / 42   꽃 라벨 자수 샘플러
5 / 44   클로버 라벨 자수 북 커버
6 / 46   은방울꽃 라벨 자수 미니 백
8 / 48   삼각 부케 자수 샘플러
9 / 51   삼각 부케 자수 미니 스카프
10 / 48   삼각 부케 자수 블라우스
12 / 52   작은 꽃무늬 자수 샘플러
13 / 52   작은 꽃무늬 자수 스카프
14 / 53   작은 꽃무늬 자수 옷깃
16 / 56   팬지 자수 샘플러
17 / 57   팬지 자수 복주머니 가방
18 / 60   팬지 부케 자수 엔벌로프 백
20 / 64   알파벳 자수 샘플러
21 / 66   이니셜 자수 미니 복주머니
22 / 63   야생화 자수 작업 가운

ANIMALS & PLANTS

24 / 68   숲속 동식물 자수 지갑
26 / 70   숲속 동식물 단색 자수 블라우스
27 / 72   다람쥐 & 도토리 자수 머리끈
28 / 74   백조 & 레이스 자수 백
30 / 78   백조 자수 지갑

RIBBONS & BUTTONS

32 / 81   열쇠 & 리본 자수 샘플러
33 / 82   열쇠 & 리본 자수 열쇠 주머니
34 / 84   리본 자수 원피스
36 / 86   단추 자수 샘플러
37 / 87   단추 자수 발레 슈즈

38   기본 스티치
41   자수 테크닉

꽃 라벨 자수 샘플러

FLOWERS

예전 향수병 라벨에서 디자인을 차용했습니다.
고전적인 테두리 모양에 좋아하는 꽃을 조화하여 복고풍 감성을
강조할 때 사용하기 좋습니다.

how to make p.42

클로버 라벨 자수 북 커버

FLOWERS

꽃 라벨을 바느질로 꿰매서 붙인 북 커버는
오래된 식물도감을 떠올려줍니다. 금색 자수를 더해주면
예스러운 분위기를 더욱 자아내 줄 수 있습니다.

how to make p.44

은방울꽃 라벨 자수 미니 백

FLOWERS

천 전체에 꽃 도안을 나열해주면
벽지 스타일의 직물을 만들 수 있습니다. 가방이 작더라도
패션 포인트로 주기 좋습니다.

삼각 부케 자수 샘플러

FLOWERS

마음에 드는 꽃집에서 받은 부케처럼
섬세하고 차분한 톤의 색 조합이
천에 부드러운 분위기를 자아내 줍니다.

how to make p.48

삼각 부케 자수 미니 스카프

FLOWERS

이 도안은 사각형의 천 모서리에 자수를 넣어주면 안정감을
높여줄 수 있습니다. 밋밋한 색상의 천에 자수와 조그마한 태슬로 꾸민 듯
안 꾸민 듯 자연스럽게 포인트를 주어 분위기 있는 뒷모습을 연출해보세요.

how to make p.51

삼각 부케 자수 블라우스

FLOWERS
목둘레에 피어난 꽃 자수.
옛 감성을 불러일으켜 줄 만한 색 조합이
평소보다 조금 더 부드러운 인상을 줄 수 있습니다.

how to make p.48

작은 꽃무늬 자수 샘플러

FLOWERS

꽃무늬 옷은 언제나 사람들에게 사랑을 받아왔습니다. 그중에서 검은색 천에 새겨넣은 꽃무늬는 특히 이목을 끌 수 있죠. 로맨틱한 느낌의 꽃무늬도 검은색 천에 새기면 선명한 인상을 줄 수 있습니다.

how to make p.52

작은 꽃무늬 자수 스카프

FLOWERS
샘플러의 꽃무늬를 다양하게 나열한 화려한 스카프. 이 스카프를 몸에 걸치면 꽃으로 어깨를 감싸고 있는 사람처럼 보일 것입니다. 분명 누군가에게 자랑하고 싶어질 만한 나만의 텍스타일을 연출할 수 있을 것입니다.

how to make p.52

작은 꽃무늬 자수 옷깃

FLOWERS

샘플러에서 꽃 도안을 하나 따와서
좌우대칭으로 자수를 새겼습니다. 옷깃의 존재감이
평소 옷차림을 품격 있게 강조해줄 수 있습니다.

팬지 자수 복주머니 가방

FLOWERS

어느 방향에서 보더라도 팬지 자수를 볼 수 있는 바닥이 둥근 복주머니 가방. 자수를 크게 넣고 손잡이까지 달아주면 핸드백으로도 손색이 없습니다.

how to make p.57

팬지 부케 자수 엔벌로프 백

FLOWERS
다양한 색상의 팬지를 리본으로 묶은 꽃무늬 자수 백.
짙은 색 조합의 팬지를 천에 새겨 봉투 모양의 클러치 백을 만들면
최신 아이템처럼 연출할 수 있습니다.

how to make p.60

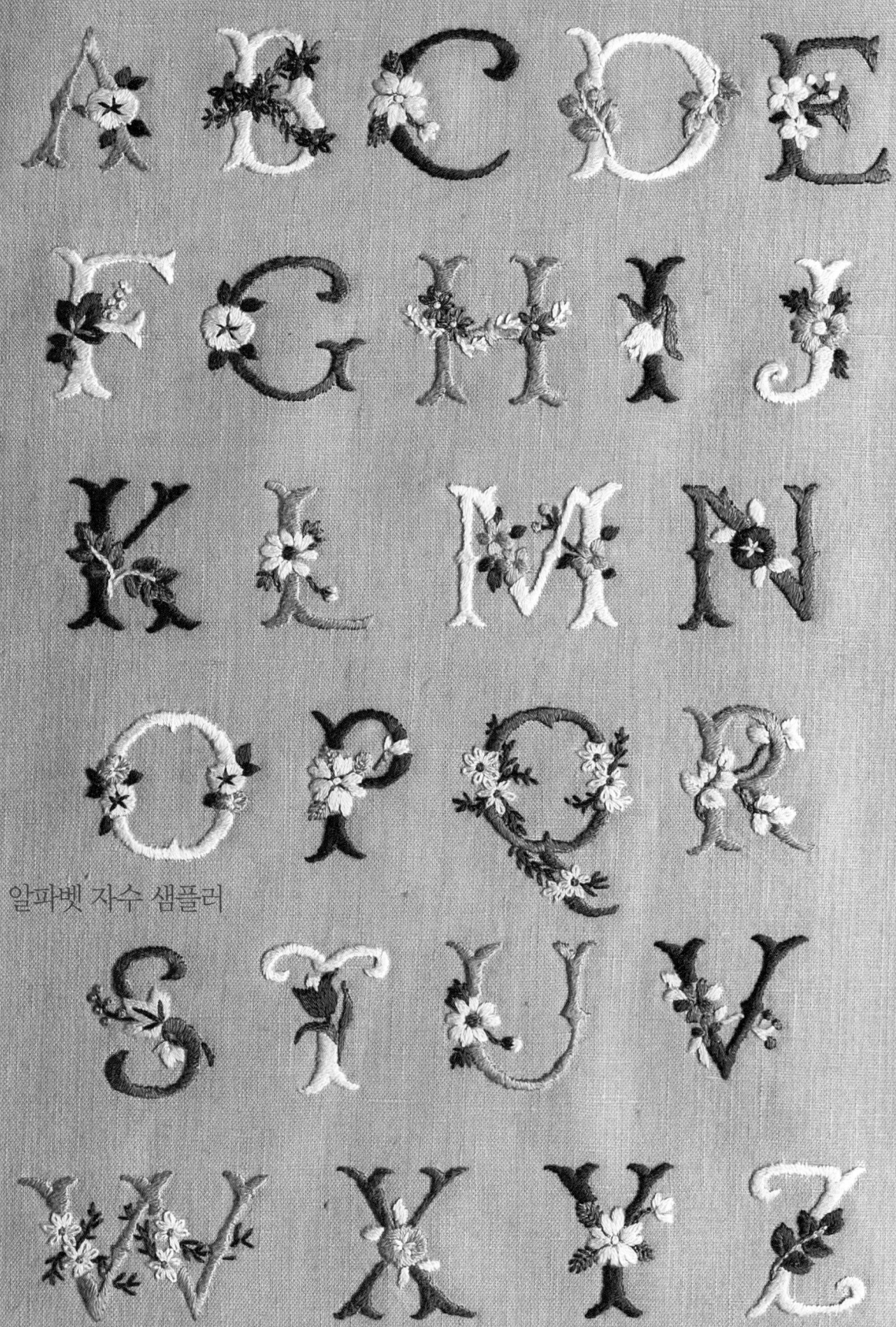

알파벳 자수 샘플러

FLOWERS

고풍스러운 꽃무늬 문자를 떠올려 자수로 새겼습니다. 이니셜을 하나 선택하여 새겨도 좋고
몇 글자를 나열하여 좋아하는 단어를 만들어도 재밌습니다.

이니셜 자수 미니 복주머니

FLOWERS

자기 이니셜을 새겨도 즐겁겠지만, 소중한 사람을 생각하며
한 땀씩 새기다 보면 분명 특별한 시간을 보낼 수 있을 것입니다.
선물을 받을 상대가 틀림없이 기뻐할 것입니다.

how to make p.66

야생화 자수 작업 가운

FLOWERS
저의 꿈은 초원에서 생기가 도는 야생화와 풀을 뜯어
주머니에 넣어서 가져오는 그런 삶을 사는 것입니다. 주머니 속에서
언제나 생기있게 피어 있을 수 있도록 자수로 새겨놓았습니다.

how to make p.63   23

숲속 동식물 자수 지갑

ANIMALS & PLANTS

다람쥐나 토끼, 버섯, 도토리처럼 마치 그림책의 숲속에서
튀어나온 것 같은 귀여운 자수입니다. 어른스러운 옷차림에도
어울릴 수 있도록 차분한 색상으로 마무리 했습니다.

how to make p.68

숲속 동식물 단색 자수 블라우스

> **ANIMALS & PLANTS**
>
> 한 가지 색으로 윤곽을 잡아 그림을 그리듯이 자수를 새겨줍니다. 24페이지의 가방과 같은 자수 도안을 사용해도 또 다른 분위기를 연출할 수 있어 재미있습니다. 무늬가 없는 블라우스에 질렸다면 자수를 한 번 새겨보세요.

how to make p.70

다람쥐 & 도토리 자수 머리끈

ANIMALS & PLANTS

24페이지의 자수 도안에서 다람쥐와 도토리 자수 도안을 따와서
만들어 보았습니다. 사진처럼 배경색만 바꿔줘도 다른 느낌을
줄 수 있습니다. 우선 이런 원포인트 자수부터 시작해보세요.

how to make   p.72

백조 & 레이스 자수 백

ANIMALS & PLANTS

고풍스러운 레이스 위에 놓은 백조와 꽃 자수. 이처럼 사랑스러운
아이템을 조합했을 때 로맨틱한 분위기가 과해지지 않도록
플라스틱 손잡이와 차분한 톤으로 연출해보았습니다.

how to make p.74

백조 자수 지갑

ANIMALS & PLANTS

28페이지의 가방에서 백조 한 마리를 블랙스완으로 바꿔서
수를 놓아 보았습니다. 수면 위에 유유히 떠 있는 모습을 새겨
지갑을 만들면 사랑스러운 분위기를 연출할 수 있습니다.

how to make p.78

열쇠 & 리본 자수 샘플러

RIBBONS & BUTTONS

리본을 묶은 골동품 열쇠를 다양하게 배치하여
가방이나 치마로 만들어도 좋습니다. 자신만의
색 조합을 찾아 만들어 보세요.

열쇠 & 리본 자수
열쇠 주머니

RIBBONS & BUTTONS

골동품 열쇠를 자수로 새긴 열쇠 주머니가 있으면
귀엽겠다는 생각에서 탄생한 자수입니다. 평상시에 가방 속에서
열쇠를 쉽게 찾지 못한다면 한 번 만들어 보세요.

how to make p.82

리본 자수 원피스

RIBBONS & BUTTONS

크고 작은 물방울무늬, 줄무늬, 꽃무늬 등 다양한 무늬의
리본이 춤을 추는 원피스. 좋아하는 모양을 하나만 골라서
원포인트로 사용해도 좋습니다.

단추 자수 샘플러

RIBBONS & BUTTONS

오래된 단추를 떠올려서 만들었습니다. 은은히 빛나는 자개단추나
옛날에 엄마가 입었던 카디건에 달려있을 만한
조금 촌스러운 느낌의 플라스틱 단추도 좋습니다.

RIBBONS & BUTTONS

단추 자수 샘플러에서 한두 가지를 골라서 자수를 놓습니다.
여러 개를 나열해도 재미있고 착시화처럼 사실감 있게
표현해도 귀엽게 연출할 수 있습니다.

단추 자수 발레 슈즈

how to make p.87

BASICS
기본 스티치

25번사 자수실을 다루는 방법

- 라벨을 떼어낸 후, 조심스럽게 실패를 풀어서 12등분으로 접어 양 끝의 고리 부분을 잘라준다. 라벨을 다시 통과시킨 후 느슨하게 비틀어준다.
- 바늘구멍 쪽으로 한 가닥씩 실을 잡아당겨 필요한 가닥 수만큼 빼서 사용한다.

자수실을 끼우는 방법

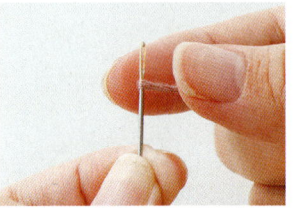

- 바늘구멍 쪽에 실 끝을 걸고 반으로 접어서 손가락으로 누른 후, 실에 접힌 자국이 남도록 바늘을 살짝 빼낸다.
- 손가락 사이로 반으로 접은 부분을 살짝 빼내서 바늘구멍에 통과시킨다.

STRAIGHT STITCH
[스트레이트 스티치] 한 땀 만에 완성되는 스티치. 땀의 길이를 바꿔서 꽃술이나 줄기 등을 표현할 때 사용할 수 있습니다.

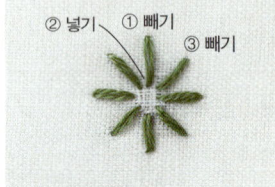

arrange 세 번 겹치기

같은 구멍에 바늘을 세 번 넣고 빼준다. 작은 잎사귀 등을 표현할 때 사용한다.

BACK STITCH
[백 스티치] 박음질할 때와 같은 방법으로 똑같은 간격을 유지하며 바느질해줍니다. 선을 깔끔히 표현할 때 사용합니다.

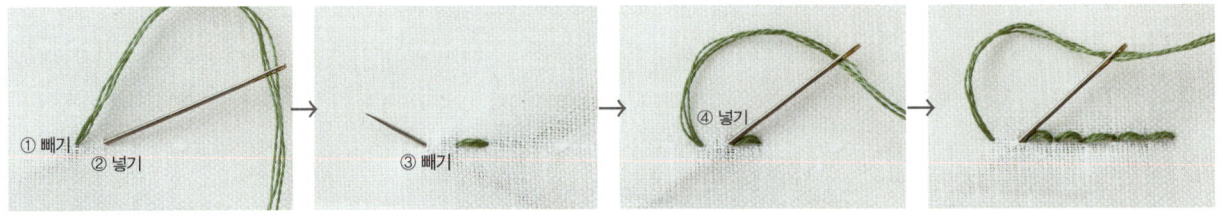

OUTLINE STITCH
[아우트라인 스티치] 윤곽선을 표현할 때 사용합니다. 똑같은 간격으로 왼쪽에서 오른쪽으로 바느질해갑니다.

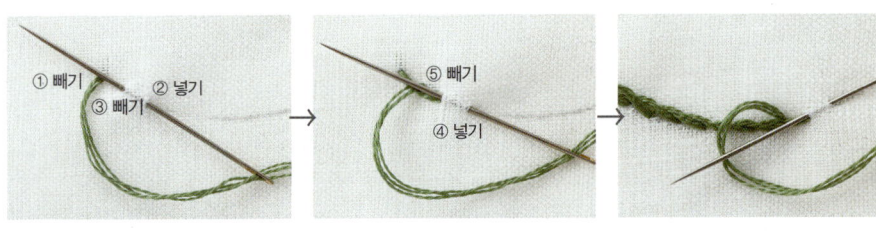

arrange 두꺼운 선을 표현할 때

같은 구멍으로 넣지 않고 조금씩 엇갈리게 바느질해준다. 줄기 등을 표현할 때 사용한다.

한 땀 뒤로 되돌아가서 바늘은 넣은 후 ①과 ②의 절반 지점에서 바늘을 빼낸다.

똑같은 구멍에서 바늘을 빼낸다.

잡아당긴 실은 항상 아래쪽을 향하도록 한다.

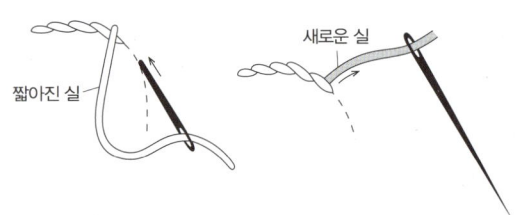

point 실이 짧아졌을 때는
짧아진 실 / 새로운 실

point 처음과 끝을 이어줄 때는
처음 / 끝

38

LAZY DAISY STITCH
[레이지 데이지 스티치] 실을 너무 세게 잡아당기지 않도록 주의하면서 둥근 띠 모양을 만들어 줍니다.

②의 바늘은 ①과 똑같은 구멍에 넣는다.

arrange 가늘고 긴 모양을 표현할 때

바늘을 빼내는 간격만 바꿔도 자수의 인상이 달라진다. 꽃잎이나 꽃받침 등을 표현할 때 사용한다.

CHAIN STITCH
[체인 스티치] 연속으로 레이지 데이지 스티치를 놓아서 사슬 모양을 만들어 줍니다.

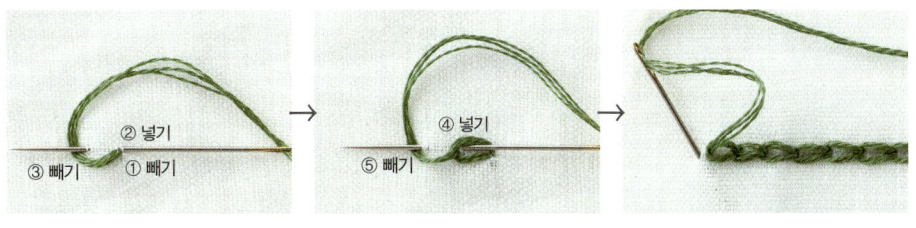

실은 항상 같은 방향으로 돌려서 걸어준다.

마지막에는 레이지 데이지 스티치 방법대로 고리를 만들어 자수를 넣는다.

point 모서리를 깔끔하게 처리하고 싶을 때

방향을 틀 때는 한 번 바느질을 끝낸 후에 새롭게 바느질을 시작한다.

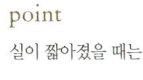 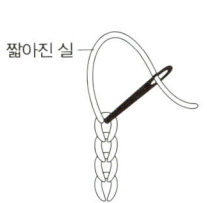 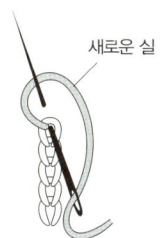 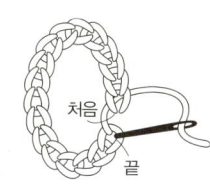

point 실이 짧아졌을 때는

point 처음과 끝을 이어줄 때는

FLY STITCH
[플라이 스티치] 실의 간격이나 바늘을 넣는 각도에 따라 자수의 인상을 바꿔줄 수 있습니다.

LEAF STITCH
[리프 스티치] 잎을 표현할 때 사용합니다. 도안에 따라 땀의 크기나 간격을 조절해줍니다.

SATIN STITCH

[새틴 스티치] 실에 간격을 두지 않고 평행하게 바느질하여 도안을 채워나갑니다.

윤곽선에 바늘을 넣어준다. 실이 꼬이지 않도록 주의한다.

실을 평행하게 바느질하여 천이 보이지 않도록 도안을 채워나간다.

point 정중앙부터 바느질한다.
좌우대칭 도안은 정중앙부터 양쪽 끝을 향해 바느질해준다.

point 방사형으로 바느질한다.
틈을 메우는 짧은 땀을 적절히 넣어 도안을 채워나간다.

LONG AND SHORT STITCH

[롱 앤드 쇼트 스티치] 긴 땀과 짧은 땀으로 바느질하여 도안을 채워나갑니다. 꽃잎 등을 입체적으로 표현할 때 사용합니다.

길고 짧은 땀의 길이를 교대로 바꿔주면서 바느질해준다.

2단 이후부터는 틈을 메운다는 생각으로 바느질해준다.

point 실이 겹치도록 바느질한다.
2단 이후부터는 바느질할 때 이전 단의 실 사이사이를 바느질해준다.

FRENCH KNOT STITCH

[프렌치 노트 스티치] 크기는 실의 가닥수나 감는 횟수를 바꿔서 조절해줍니다. 아래 사진에는 실을 2회 감아서 바느질 했습니다.

바늘을 빼낸 후, 정해진 횟수에 맞게 바늘 끝에 실을 감아준다.

천의 바로 옆쪽 올에 수직으로 바늘을 넣어준다.

실을 잡아당겨 바늘에 감은 실을 조여준다. 손으로 매듭을 누르면서 수직 아래 방향으로 바늘을 잡아당긴다.

[첫 땀과 마지막 땀의 처리 방법]

면의 경우

(앞) → (뒤)

처음에는 매듭을 짓지 않고 3~4땀을 바느질하면서 채워준다.

뒷면 스티치 안쪽에 바늘을 넣어 실만 들어 올린 후, 2회 정도 박음질해서 실을 끊어 마무리해준다.

선의 경우

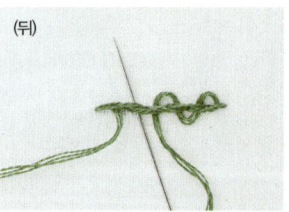

(뒤) → (뒤)

처음에는 매듭을 짓지 않고 실 끝부분을 천 뒷면에 약 10cm 정도 남겨둔다.

뒷면의 스티치 땀 사이를 통과하게 한 후, 실을 잡아당겨서 마무리해준다. 처음에 남겨두었던 약 10cm의 실도 똑같은 방법으로 마무리해준다.

TECHNIQUE OF EMBROIDERY
자수 테크닉

재료와 도구

〈25번사 자수실〉
이 책에서는 DMC 자수실을 사용했습니다. 이 자수실은 여섯 가닥의 가느다란 실이 느슨하게 묶여 있으니 한 가닥씩 뽑아내서 사용합니다.

〈프랑스 자수 바늘〉
일반 바느질 바늘보다 끝이 뾰족하고 바늘구멍이 큽니다. 실의 가닥 수에 맞는 적절한 두께의 바늘을 사용해야 합니다.

25번사 자수실	프랑스 자수 바늘
한 가닥	No. 9~8
두세 가닥	No. 7~6
네다섯 가닥	No. 5
여섯 가닥	No. 4

〈수틀〉
천을 끼워 빳빳하게 잡아당겨서 쉽게 자수를 놓을 수 있도록 도와줍니다. 지름 10~15cm 정도의 수틀을 추천합니다. 안쪽 틀에 면테이프를 둘러두면 천이 상하지 않습니다.

〈천〉
마나 면 소재를 사용하면 자수하기 편합니다. 올이 너무 느슨하지 않고 적당히 단단한 천을 선택해주세요.

〈접착심지〉
일부 작품 외에는 자수하기 전에 접착심지를 붙여줍니다. 어떤 천이든 자연스럽게 붙일 수 있으며, 바늘도 잘 통과하는 얇은 니트 형식의 접착심지를 추천합니다.

〈트레이싱 페이퍼〉
도안을 베껴낼 때 사용하는 반투명한 얇은 종이.

〈단면 초크 페이퍼〉
천에 도안을 베껴낼 때 사용하는 복사지. 사용할 천의 색에 따라 눈에 잘 띄는 색을 골라줍니다.

〈셀로판지〉
도안을 베낄 때 트레이싱 페이퍼가 찢어지지 않도록 위에 올려서 사용합니다.

〈철필〉
도안을 베낄 때 사용하는 수공예용 연필. 철필이 없을 때는 잉크가 나오지 않는 볼펜을 사용해도 됩니다.

천 준비하기

〈천 다림질하기〉
수축하거나 주름진 천 때문에 자수가 틀어지지 않게 하려면 다림질이 중요합니다. 천의 씨실을 한 가닥 뽑아낸 후, 그 선을 따라서 정돈하듯이 잘라줍니다. 물에 1시간 정도 푹 담근 후, 가볍게 탈수하여 그늘에서 말려줍니다. 조금 덜 마른 상태에서 천의 모서리가 직각이 될 수 있도록 천의 결을 따라서 다림질해줍니다.

〈접착심지 붙이기〉
천의 뒷면이 보이지 않는 작품을 만들 때는 자수를 놓기 전에 천 뒷면에 접착심지를 붙여줍니다. 접착심지를 붙이면 천의 강도가 높아지고 수틀로 천을 고정했을 때 천이 상하지 않도록 방지해주며 작품이 완성된 후의 형태도 깔끔합니다. 수틀에 끼우기 쉬운 크기로 재단한 천의 뒷면에 접착심지를 덧댄 후, 다리미로 밀지 않고 눌러주듯이 다림질해줍니다.

도안 옮기기

도안 위에 트레이싱 페이퍼를 올려놓고 선이 가는 수성펜으로 도안을 베껴냅니다. 천 표면에 초크 페이퍼, 트레이싱 페이퍼, 셀로판지를 순서대로 올려놓은 후, 서로 어긋나지 않도록 고정하여 철필로 강하게 필압을 주어 도안을 그려줍니다.

마무리

〈도안 지우기〉
마무리하기 전에 천에 그려 넣은 도안을 지워줍니다. 다림질하고 나면 잘 지워지지 않으므로 주의해야 합니다. 분무기로 지워지지 않을 때는 자수를 놓은 면이 안쪽으로 가도록 뒤집어서 세탁 망에 넣고 손바닥으로 누르듯이 손세탁을 해줍니다. 크기가 작을 때는 수건을 반으로 접어서 물기를 제거해주고 마른 수건 위에 올려서 말려줍니다. 크기가 클 때는 세탁기의 손세탁 코스로 몇 초 동안 탈수한 후, 천의 틀어진 부분을 정돈하여 그늘에서 말려줍니다.

〈다림질하기〉
다리미판 위에 깨끗한 수건을 깔고 자수를 놓은 면이 수건과 닿도록 천을 놓습니다. 천이 덜 마른 상태에서 뒷면부터 다림질해주면 자수가 망가지지 않고 볼륨 있게 마무리됩니다. 어떻게 해서든 자수를 놓은 면을 다림질하고 싶을 때는 자수가 비쳐 보이는 실크 오건디(얇고 가늘어서 잘 비치는 직물 – 역주)를 천 위에 올려놓은 후, 힘을 주지 않고 부드럽게 다려줍니다.

p. 4
꽃 라벨 자수 샘플러

〈DMC 25번사 자수실〉
도안의 색 번호를 참조
〈재료〉
천(CHECK & STRIPE(천을 판매하는 일본 회사)의 오리지널 부드러운 리넨, 앤티크 화이트)

※ 100% 크기로 사용
※ 색 번호는 모두 DMC 25번사 자수실을 사용
※ S는 스티치의 줄임말
※ 지정 가닥수 이외에는 모두 두 가닥을 사용
※ 지정 스티치 이외에는 모두 새틴 스티치를 사용

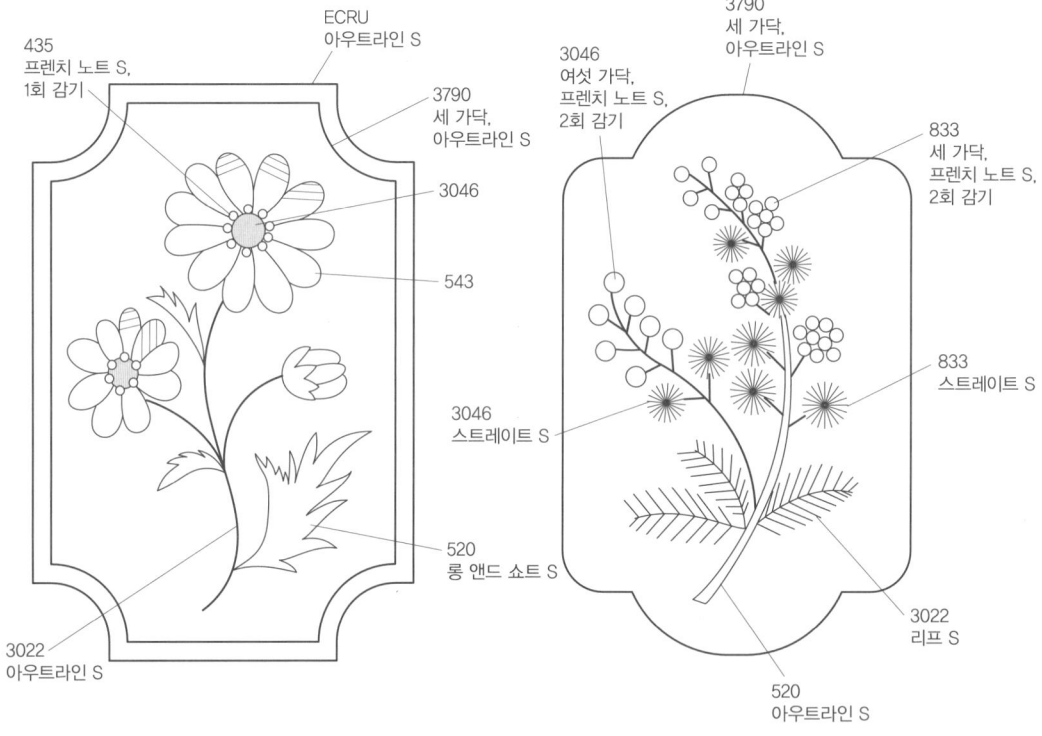

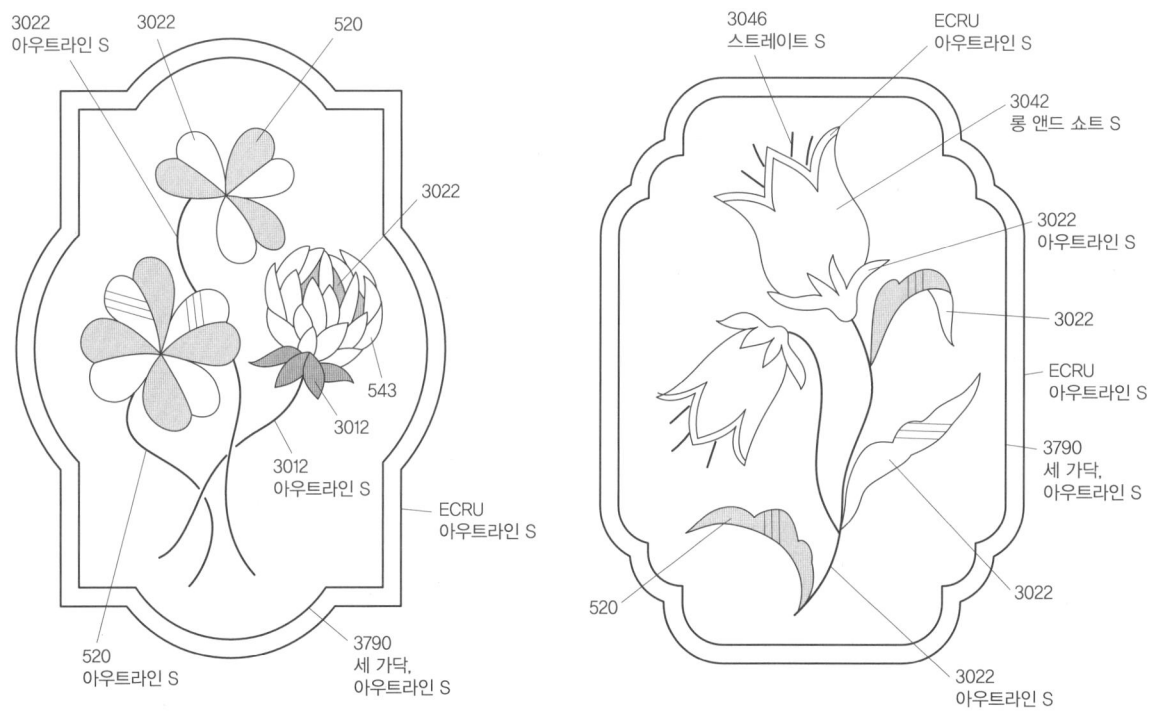

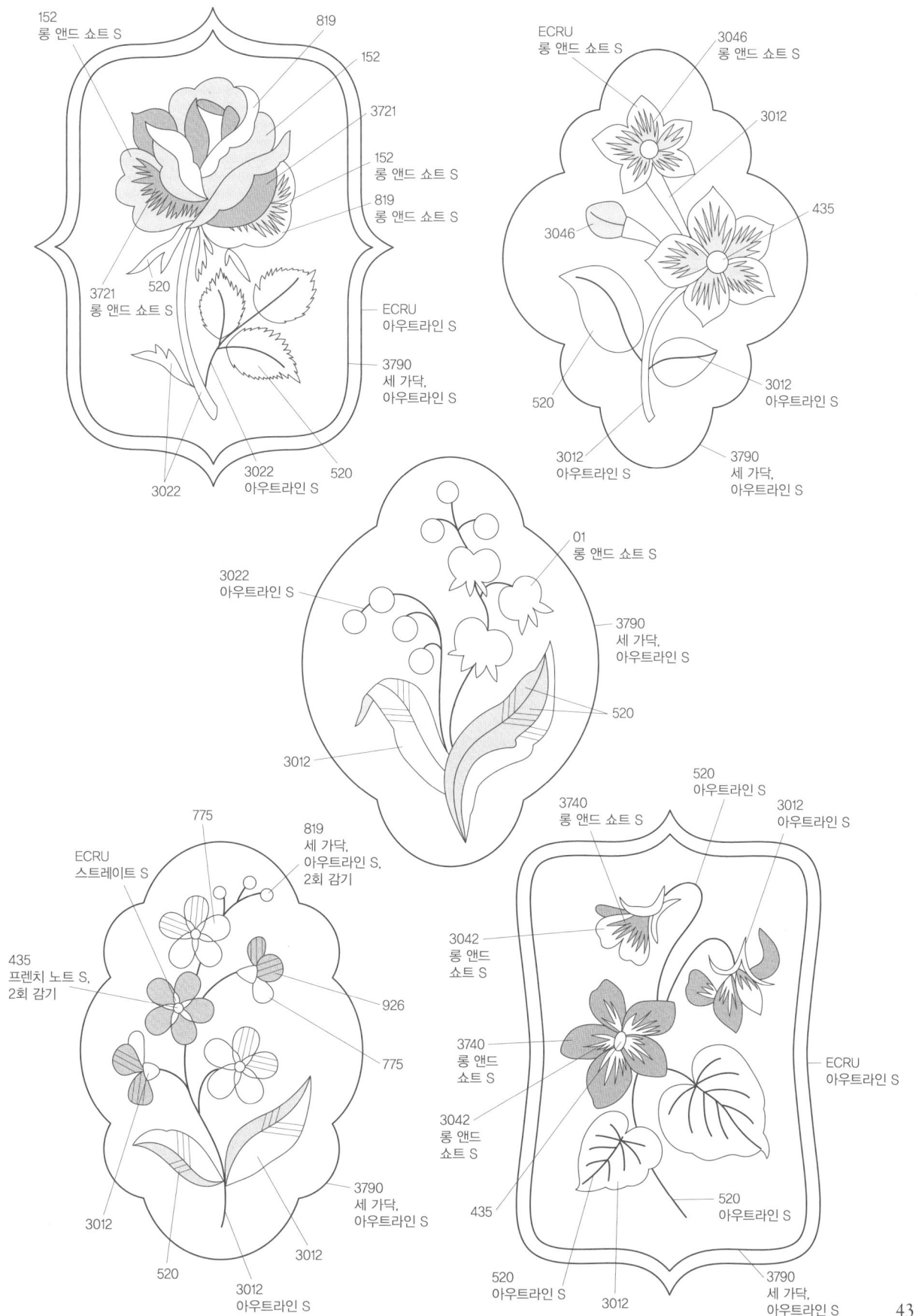

p. 5
클로버 라벨 자수 북 커버

〈DMC 25번사 자수실〉
520, 543, 3012, 3022, 3781, E3821

〈재료〉
겉감(CHECK & STRIPE의 오리지널 천사의 리넨, 피콕) 45×25cm
별도 직물(CHECK & STRIPE의 오리지널 부드러운 리넨, 앤티크 화이트) 10×15cm
안감(CHECK & STRIPE의 오리지널 내추럴 코튼 HOLIDAY, 네이비) 40×25cm
접착심지 40×40cm
폭 1.6cm의 두꺼운 리본 끈(아이보리) 18cm
폭 0.3cm의 면 끈(그린) 20cm
합성피혁 시트 5×5cm

〈그 외〉 공예용 접착제(수성 타입)

〈완성품 크기〉 31×16.5cm(문고본 크기)

〈도안〉 p. 45

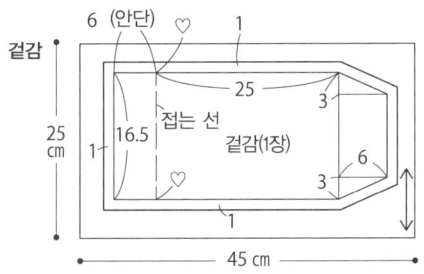

※ 안감과 별도 직물의 안쪽 면에 접착심지를 붙인다.
※ ♡의 위치에 도안을 맞춘다.

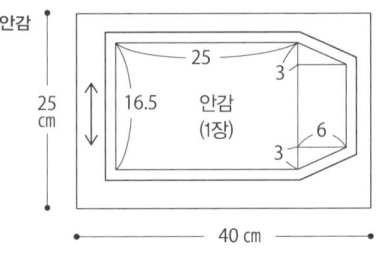

〈자수와 재단〉
적당한 크기로 자른 별도 직물의 뒷면에 접착심지를 붙이고 라벨을 자수로 넣은 후, 재단선을 따라 잘라준다. 겉감의 뒷면에 접착심지를 붙이고 새틴 스티치로 라벨을 꿰매서 붙인 후, 자수를 놓는다.

〈바느질〉
1. 겉감과 안감의 안단 끝부분을 각각 두 번씩 접어서 바느질해준다.
2. 겉감의 안단을 접은 후, 리본과 끈을 시침질해준다.
3. 겉감과 안감을 겉끼리 맞대어 창구멍을 남겨두고 바느질해준다.
4. 겉감의 바깥쪽 면에 보이도록 뒤집어서 창구멍을 공그르기한 후, 끈 끝부분에 클로버 장식을 달아준다.

〈라벨〉
별도 직물

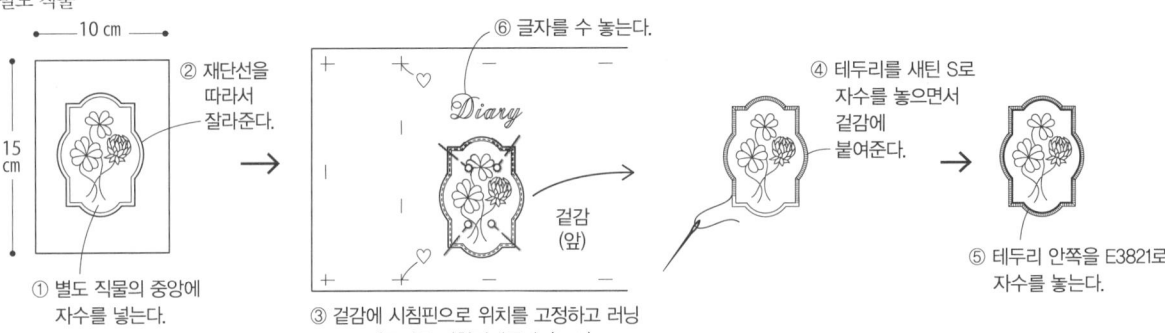

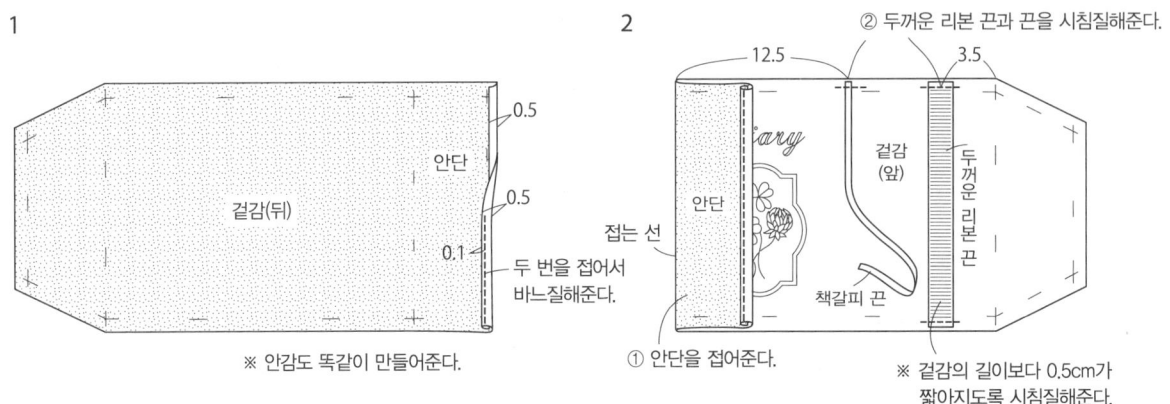

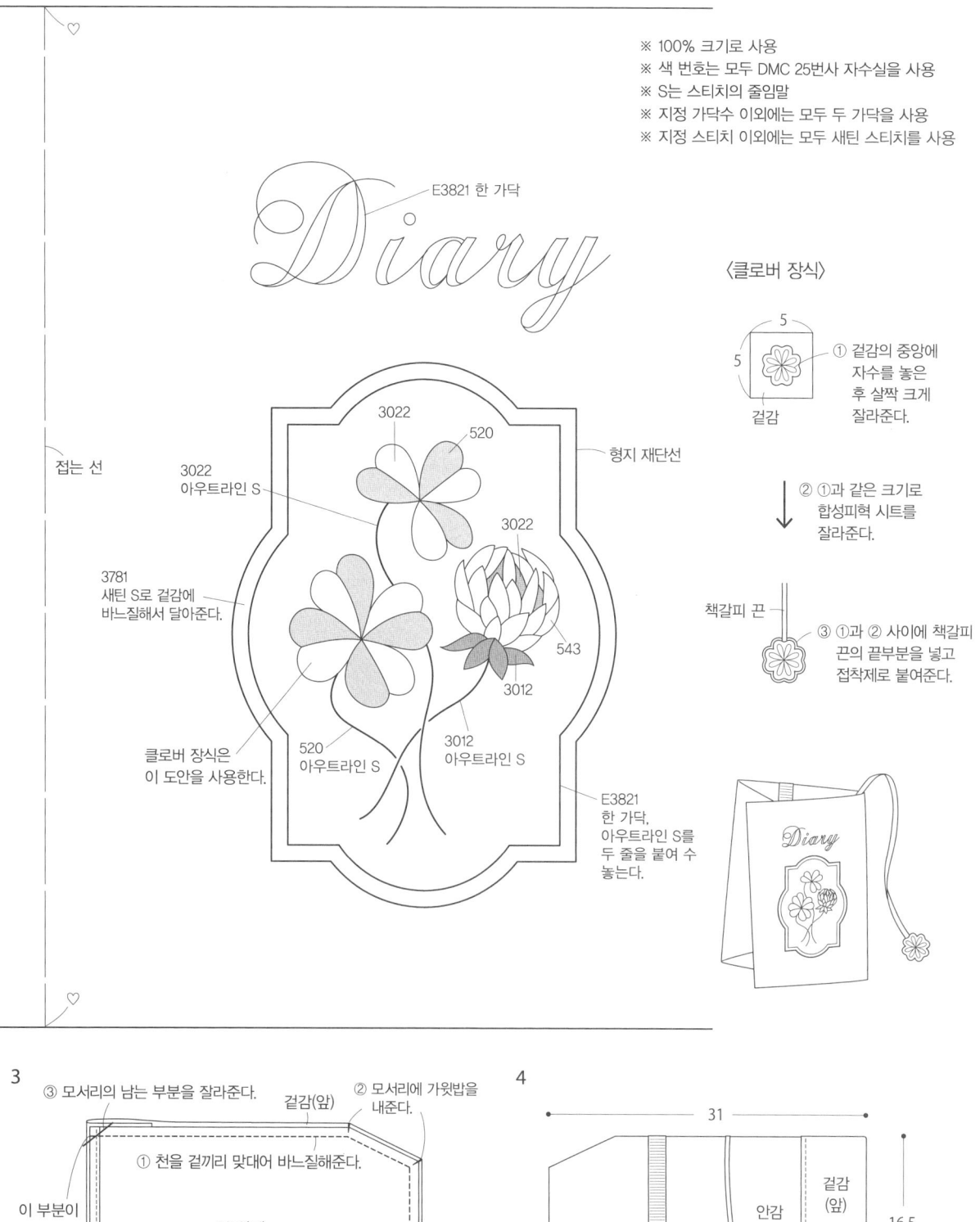

p. 6

은방울꽃 라벨 자수 미니 백

〈DMC 25번사 자수실〉

168, 501, 522, 819, 3865

〈재료〉

겉감(CHECK & STRIPE의 오리지널 컬러 리넨, 스모크블루) 75×40cm

안감(CHECK & STRIPE의 오리지널 바다 브로드클로스(역주 : 작은 자수가 놓여진 천으로, 무늬가 있는 천을 말합니다), 그레이시핑크) 80×25cm

접착심지 70×30cm

〈완성품 크기〉 20×24cm(손잡이 제외)

〈도안 및 패턴〉 p. 47

〈자수〉

적당한 크기로 자른 겉감 뒷면에 접착심지를 붙인 후, 한쪽 면에 자수를 놓는다.

〈바느질〉

1. 자수를 놓은 겉감이 흐트러지지 않도록 재봉틀로 고정해준 후 재단한다.
2. 손잡이를 바느질해준다.
3. 겉감에 손잡이를 시침질해준다.
4. 안감에 바느질로 만들어준 후, 안주머니를 달아준다.
5. 겉감 2장과 안감 2장을 각각 안쪽으로 접어서 가방 입구 부분을 바느질해준다.
6. 겉감과 안감을 겉끼리 맞대어 창구멍을 남겨두고 바느질해준다. 겉감의 바깥쪽 면에 보이도록 뒤집어서 창구멍을 공그르기해준다.

※ 　 는 자수 위치 ※ 겉감 1장에만 자수를 놓는다.

※ 겉감 뒷면에 접착심지를 붙인다.

※ 안주머니는 뒤쪽에만 만든다.

※ 2개를 만든다.

※ 1장을 더 만든다.

※ 1장을 더 만든다.

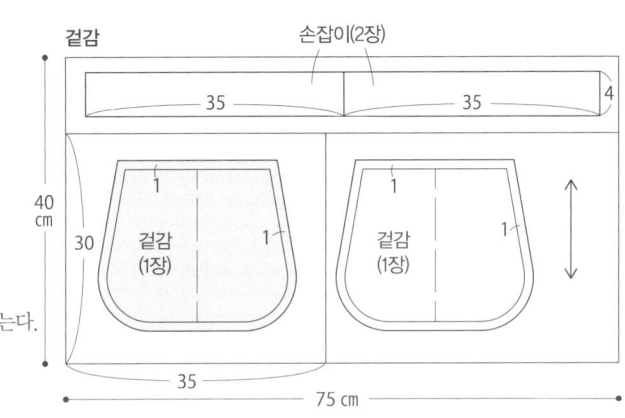

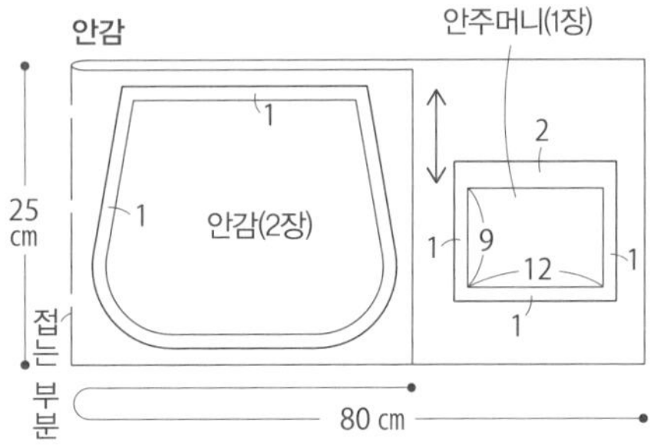

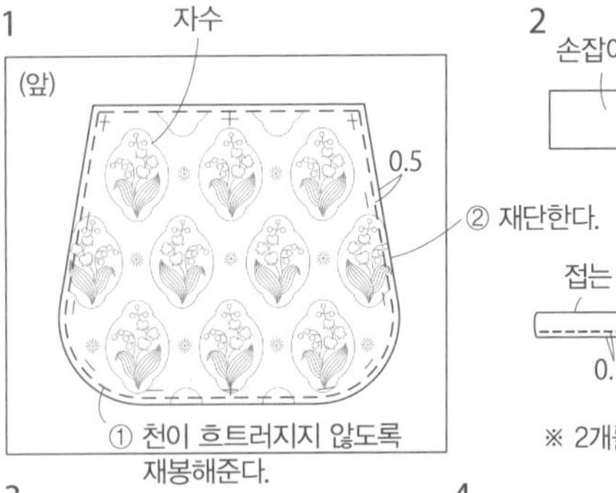

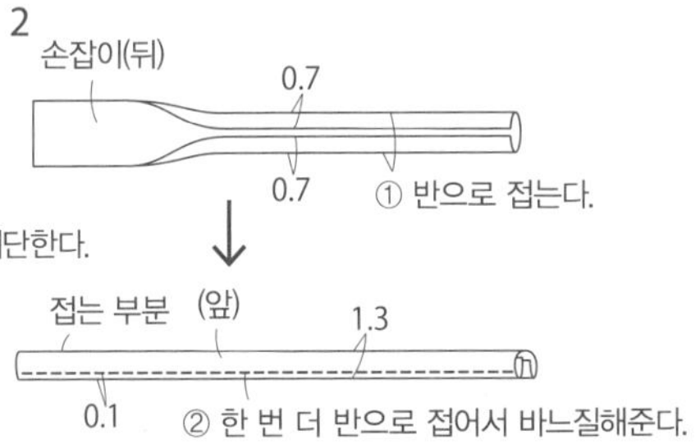

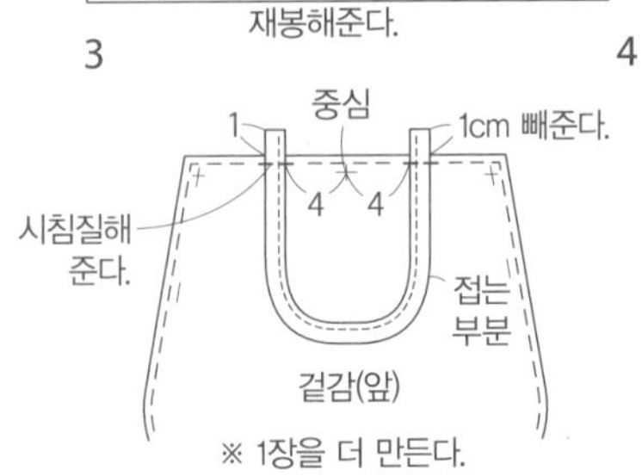

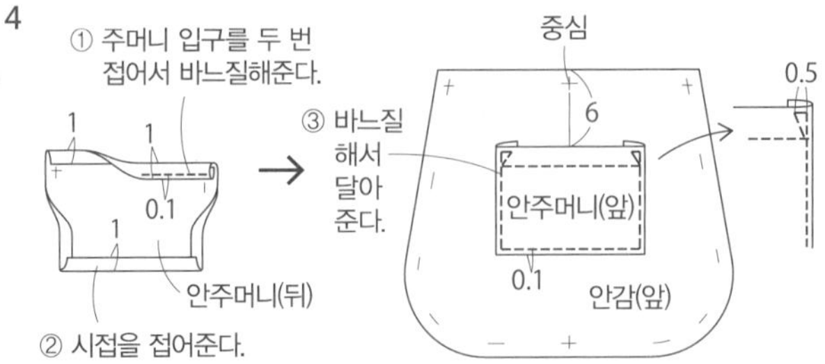

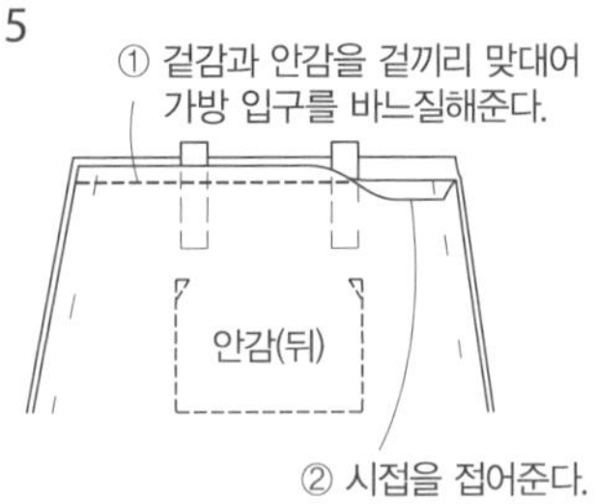

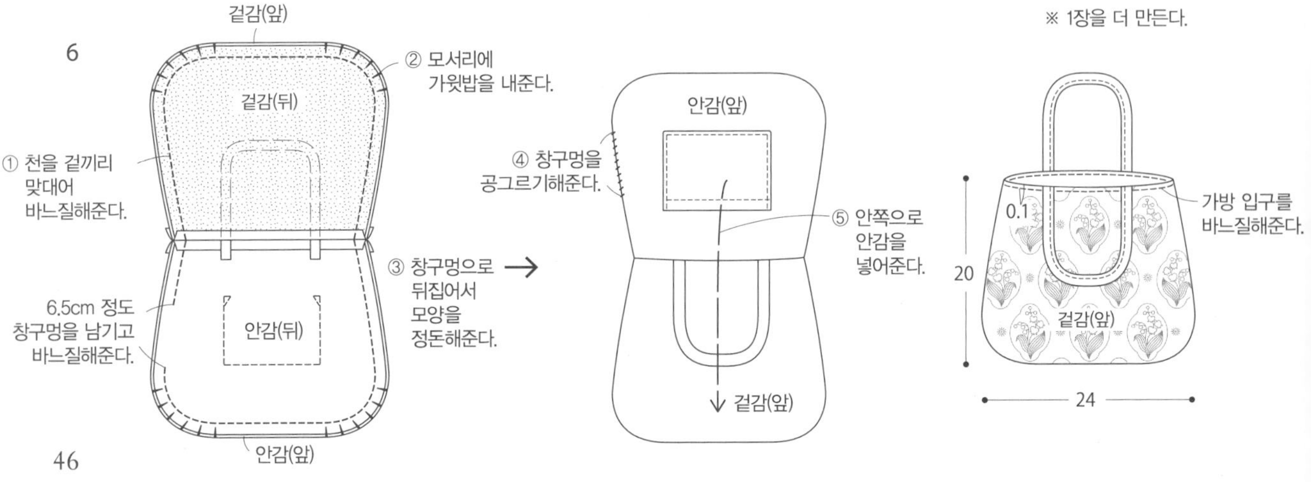

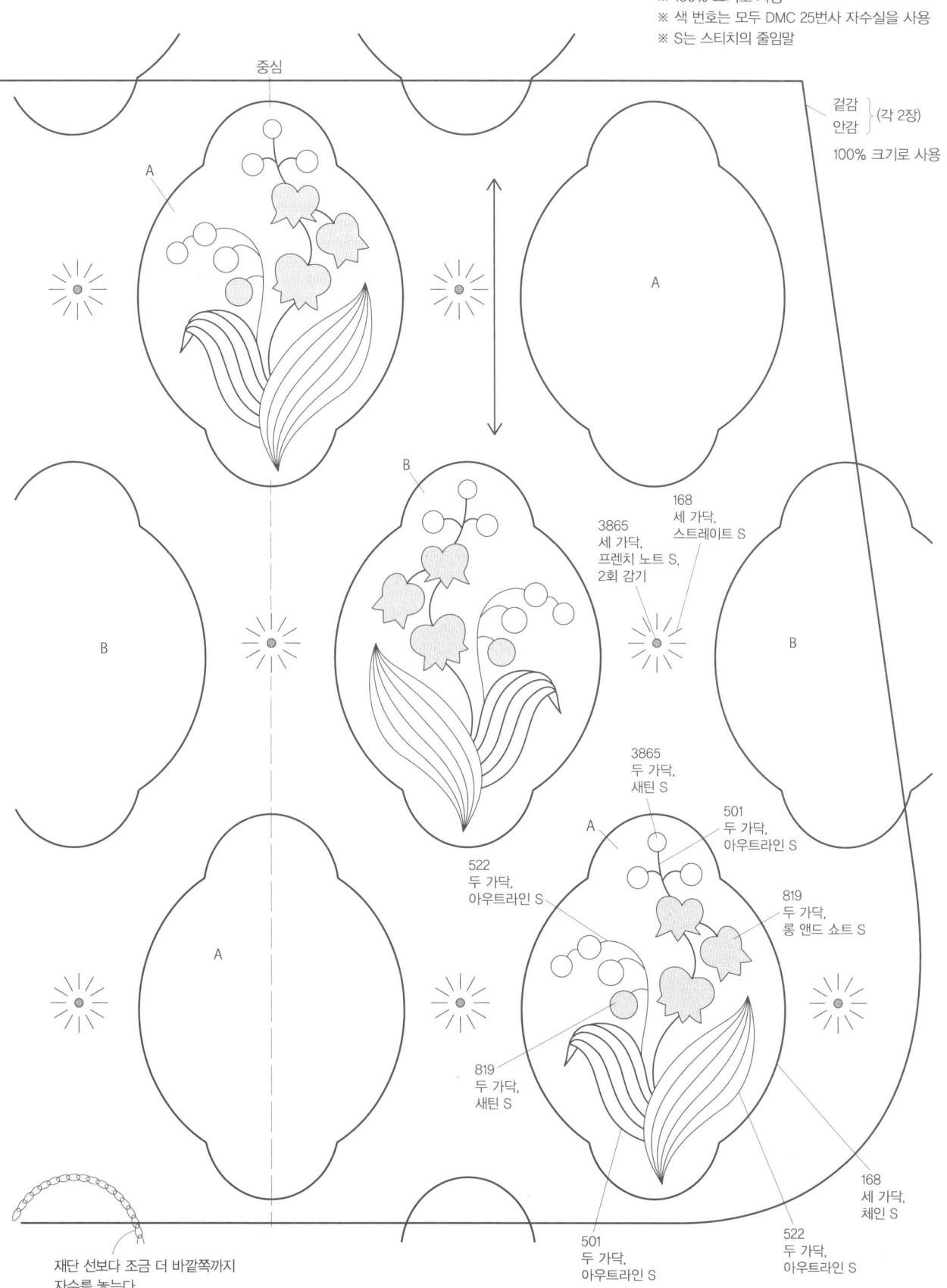

p. 8, 10

삼각 부케 자수 샘플러(상), 삼각 부케 자수 블라우스

〈DMC 25번사 자수실〉
353, 407, 413, 543, 648, 948, 3012, 3726, 3790, 3865

〈재료〉
p. 8 천(CHECK & STRIPE의 오리지널 부드러운 리넨, 앤티크 화이트)

〈자수〉
p. 10은 좋아하는 블라우스에 자수를 놓는다. (해당 작품은 CHECK & STRIPE의 오리지널 부드러운 리넨, 천연색을 사용한 CHECK & STRIPE의 패턴 156, 단추가 등 쪽에 달린 블라우스)

353
세 가닥,
스트레이트 S,
2회 겹쳐서 자수

3865
세 가닥,
스트레이트 S

948
프렌치 노트 S,
2회 감기

3726

3012

648
세 가닥,
레이지 데이지 S

648
세 가닥,
아우트라인 S

407
올 엔드
솔 S

543
올 엔드
솔 S

413
세 가닥,
프렌치 노트 S,
2회 감기

3865
세 가닥,
스트레이트 S

413
세 가닥,
프렌치 노트 S,
2회 감기

948
올 엔드
솔 S

3012
아우트라인 S

353
세 가닥,
프렌치 노트 S,
2회 감기

3790
아우트라인 S

3790
스트레이트 S

※ 100% 크기로 사용
※ 색 번호는 모두 DMC 25번사 자수실을 사용
※ S는 스티치의 줄임말
※ 지정 가닥수 이외에는 모두 두 가닥을 사용
※ 지정 스티치 이외에는 모두 새틴 스티치를 사용

p. 8
삼각 부케 자수 샘플러(하)

〈DMC 25번사 자수실〉
413, 415, 452, 501, 522, 775, 930, 3023, 3756, 3865
〈재료〉
천(CHECK & STRIPE의 오리지널 부드러운 리넨, 앤티크 화이트)

※ 100% 크기로 사용
※ 색 번호는 모두 DMC 25번사 자수실을 사용
※ S는 스티치의 줄임말
※ 지정 가닥수 이외에는 모두 두 가닥을 사용
※ 지정 스티치 이외에는 모두 새틴 스티치를 사용

- 522
- 501
- 930 네 가닥, 레이지 데이지 S
- 413 네 가닥, 레이지 데이지 S
- 775 아웃트라인 S
- 413 501
- 452
- 775
- 3023
- 415
- 522
- 930 네 가닥, 레이지 데이지 S
- 413 네 가닥, 레이지 데이지 S
- 3756 세 가닥, 프렌치 노트 S, 2회 감기
- 501
- 930 네 가닥, 레이지 데이지 S
- 3756 세 가닥, 프렌치 노트 S, 2회 감기
- 522
- 3865 프렌치 노트 S, 여섯 가닥, 2회 감기

p. 8
삼각 부케 자수 샘플러(중)

〈DMC 25번사 자수실〉
472, 611, 733, 822, 834, 935, 3031, 3047, 3052, 3865

〈재료〉
천(CHECK & STRIPE의 오리지널 부드러운 리넨, 앤티크화이트)

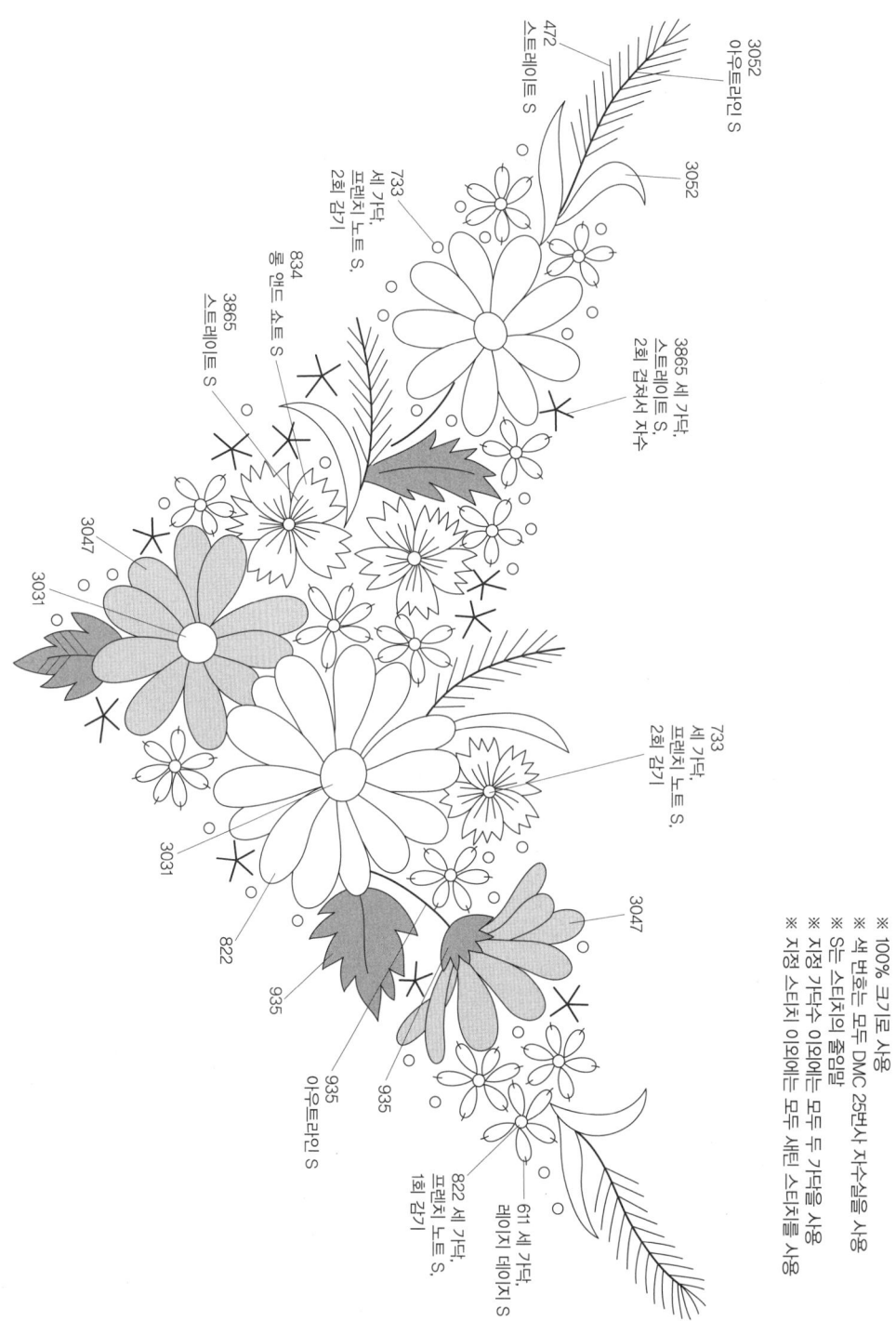

※ 100% 크기로 사용
※ 색 면들은 모두 DMC 25번사 자수실을 사용
※ S는 스티치의 줄임말
※ 지정 가닥수 이외에는 모두 두 가닥을 사용
※ 지정 스티치 이외에는 모두 새틴 스티치를 사용

p. 9
삼각 부케 자수 미니 스카프

〈DMC 25번사 자수실〉
472, 611, 733, 822, 834, 935, 3031, 3047, 3052, 3865

〈DMC 코튼 펄 8번(실뭉치)〉
712

〈재료〉
겉감(CHECK & STRIPE의 오리지널 코튼 리넨 레 제르(역주 : 가벼운 코튼 천을 의미합니다), 머스터드) 50×50cm

〈완성품 크기〉 48×48cm(태슬 제외)

〈도안〉 p. 50

〈자수와 재단〉
적당한 크기로 자른 겉감에 자수를 놓은 후, 재단한다.

〈바느질〉
두 번을 접어서 네 변을 바느질한 후, 태슬을 만들어서 달아준다.

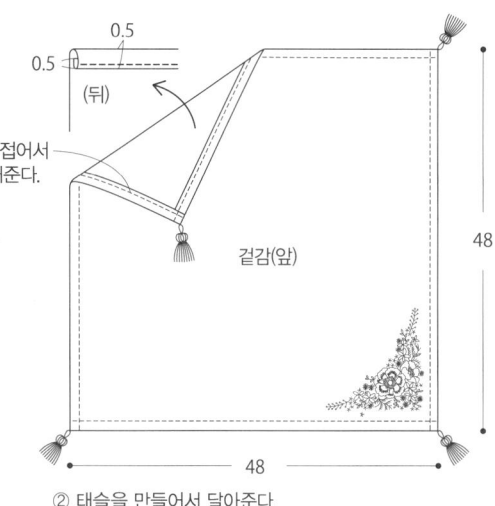

〈태슬을 만드는 방법〉

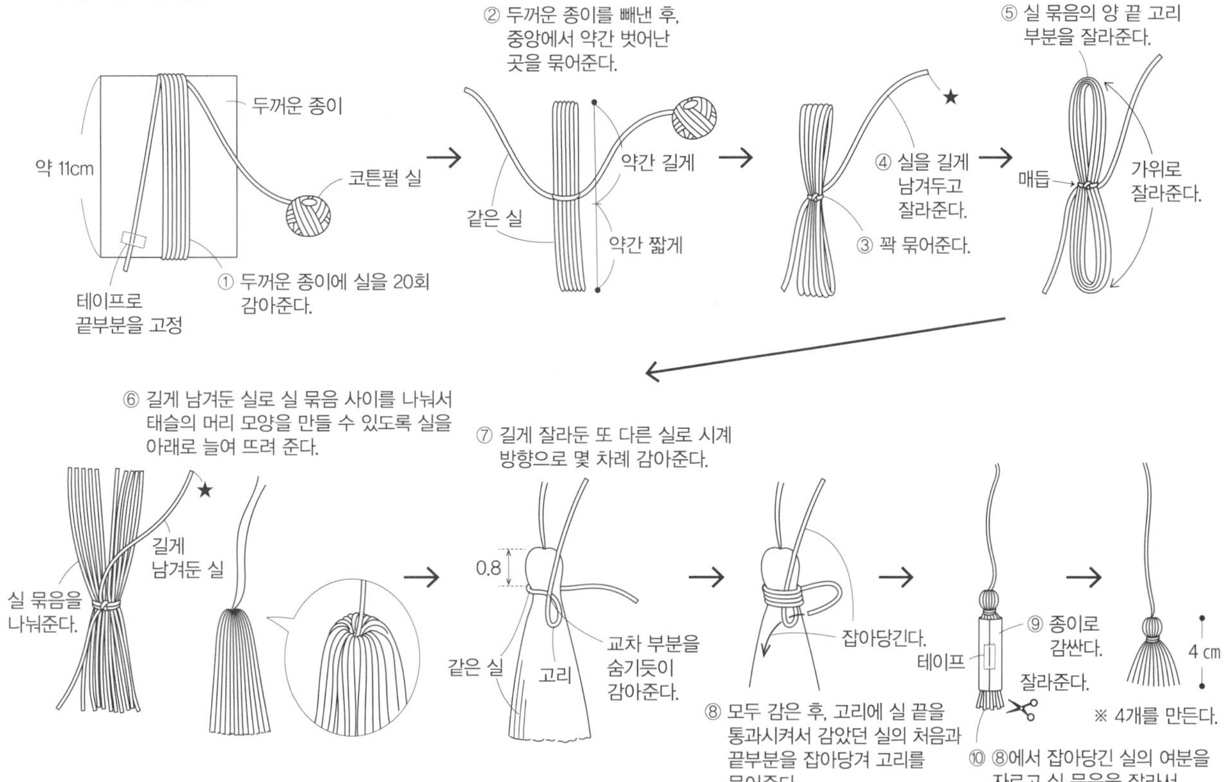

〈태슬을 다는 방법〉

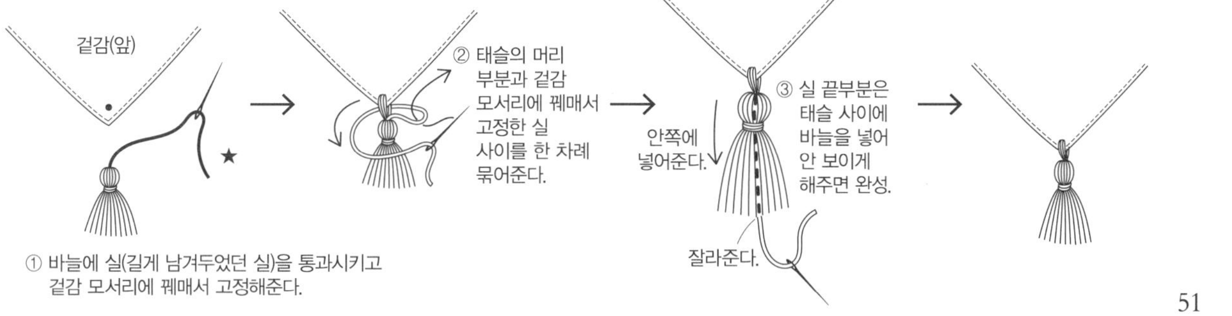

p. 12, 13

작은 꽃무늬 자수 샘플러, 작은 꽃무늬 자수 스카프

〈DMC 25번사 자수실〉
168, 520, 535, 3013, 3774, 3781, 3817, 3830, 3865

〈재료〉
겉감(CHECK & STRIPE의 오리지널 부드러운 리넨, 블랙) 70×70cm

〈완성품 크기〉
68×68cm

〈자수와 재단, 바느질〉
p. 51 삼각 부케 자수 미니 스카프와 같은 방법으로 원하는 위치에 자수를 넣어 바느질해준다(태슬은 달지 않는다).

※ 125% 크기로 확대해서 사용
※ 색 번호는 모두 DMC 25번사 자수실을 사용
※ S는 스티치의 줄임말
※ 지정 가닥수 이외에는 모두 두 가닥을 사용
※ 지정 스티치 이외에는 모두 새틴 스티치를 사용
※ 프렌치 노트 스티치는 모두 2회 감기

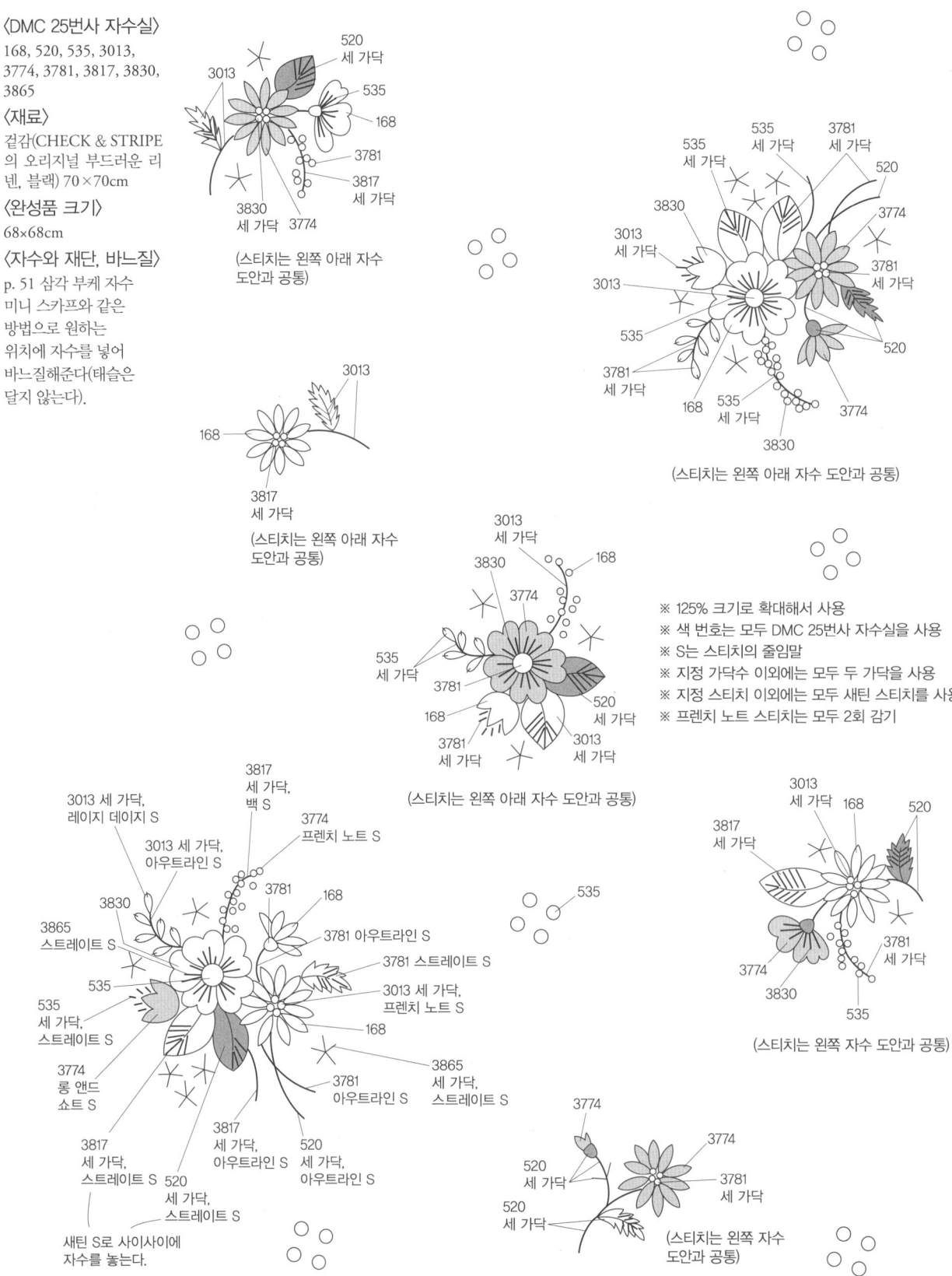

p. 14
작은 꽃무늬 자수 옷깃

〈DMC 25번사 자수실〉
23, 520, 524, 646, 746, 762, 823, 3041, 3042
〈재료〉
겉감(CHECK & STRIPE의 오리지널 코튼 투주르, 화이트) 40×30cm
안감(CHECK & STRIPE의 오리지널 바다 브로드클로스, 라이트블루그레이) 40×30cm
접착심지 40×30cm
고리 단추 1묶음
〈완성품 크기〉 그림 참조
〈도안 및 패턴〉 p. 54
〈자수와 재단〉
적당한 크기로 자른 겉감 뒷면에 접착심지를 붙인 후, 자수를 놓고 재단한다.
〈바느질〉
1. 겉감과 안감을 겉끼리 맞대어 바깥쪽 테두리를 바느질해준다.
2. 창구멍을 남겨두고 안쪽 테두리를 바느질해준다.
3. 겉감의 바깥쪽 면이 보이도록 뒤집어서 창구멍을 공그르기해준다. 고리 단추를 달아준다.

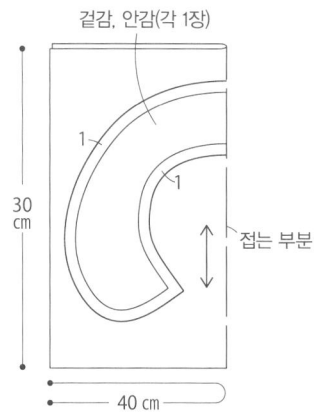

※ 겉감 뒷면에 접착심지를 붙인다.

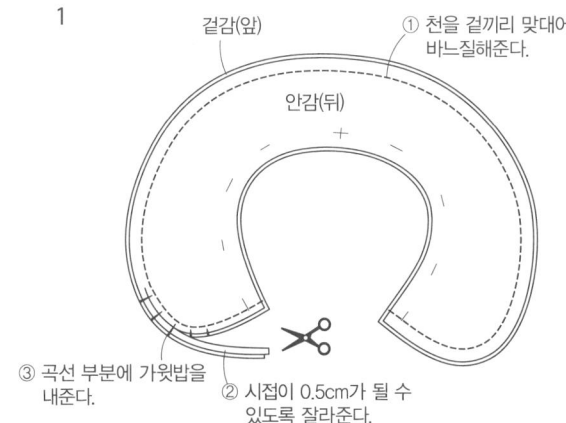

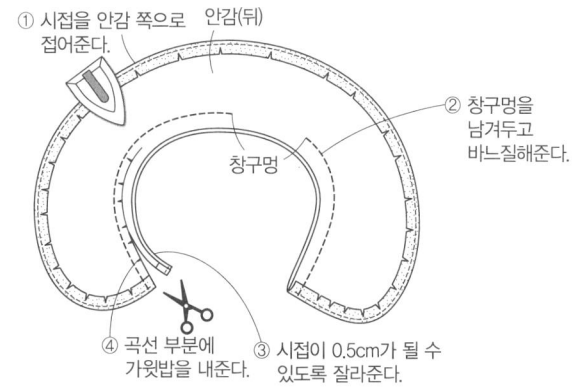

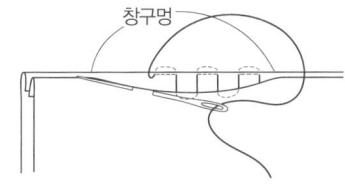

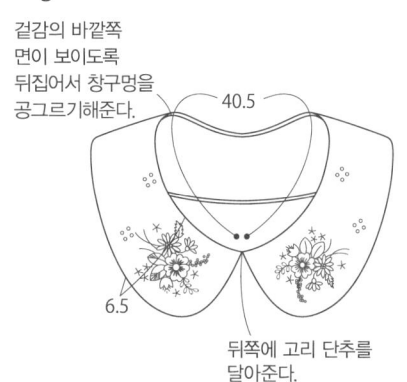

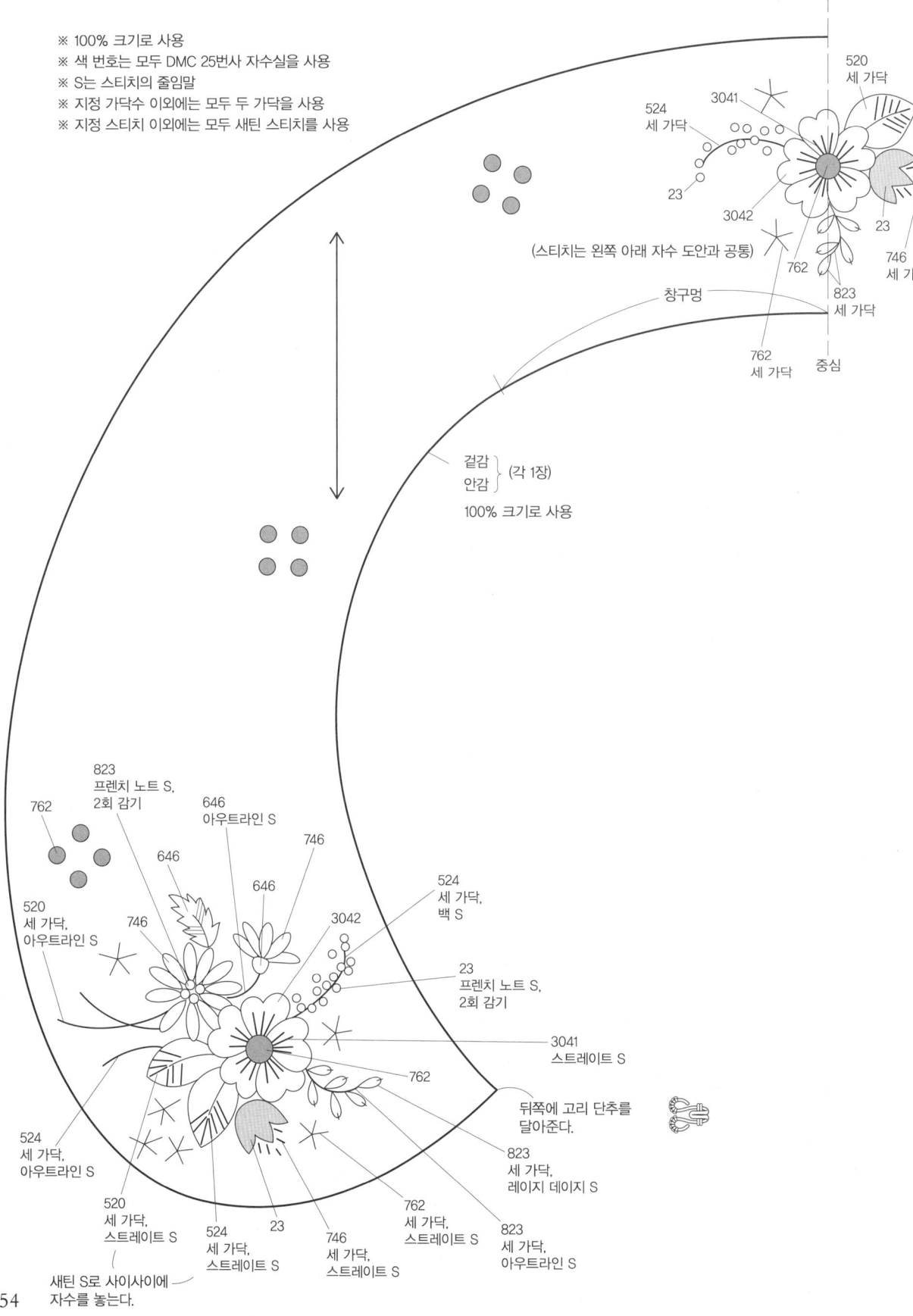

중심

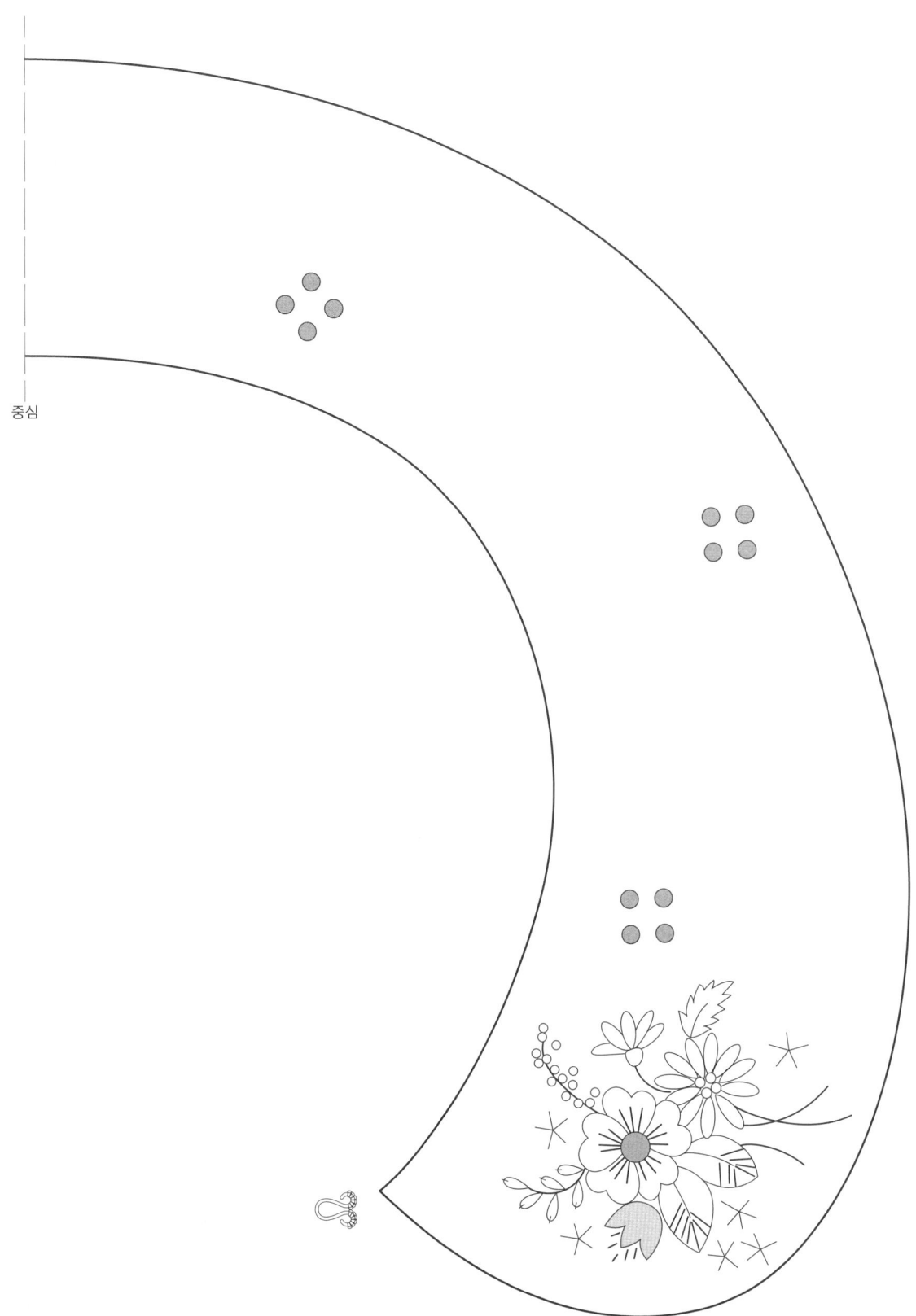

p. 16
팬지 자수 샘플러

〈DMC 25번사 자수실〉
414, 822, 832, 3740, 3866
〈재료〉
천(CHECK & STRIPE의 오리지널 천사의 리넨, 크림옐로)

A
- 3740 롱 앤드 쇼트 S
- 822 여섯 가닥, 리프 S
- 414 새틴 S
- 3740 / 3866 / 832 롱 앤드 쇼트 S

B
- 414 롱 앤드 쇼트 S
- 3866 새틴 S
- 832 롱 앤드 쇼트 S
- 3740 롱 앤드 쇼트 S
- 414 롱 앤드 쇼트 S

C
- 3740 롱 앤드 쇼트 S
- 3866 롱 앤드 쇼트 S
- 832 새틴 S

D
- 414 롱 앤드 쇼트 S
- 832 새틴 S
- 3740 롱 앤드 쇼트 S
- 3866 롱 앤드 쇼트 S

※ 100% 크기로 사용
※ 색 번호는 모두 DMC 25번사 자수실을 사용
※ S는 스티치의 줄임말
※ 지정 가닥수 이외에는 모두 두 가닥을 사용

p. 17

팬지 자수 복주머니 가방

〈DMC 25번사 자수실〉
414, 822, 832, 3740, 3866

〈재료〉
겉감(CHECK & STRIPE의 오리지널 컬러 리넨, 그레이시핑크) 80×30cm
별도 직물(CHECK & STRIPE의 오리지널 바다 브로드클로스, 레디시브라운밀크) 110×40cm
접착심지 80×30cm
두께 0.3cm의 끈(천연색) 65cm 2개
지름 2cm의 나무 구슬 2개

〈완성품 크기〉 높이 27cm, 바닥 너비 13.5cm(끈 제외)

〈도안 및 패턴〉 p. 56(도안), p. 59(겉감 바닥, 안감 바닥)

〈자수와 재단〉
적당한 크기로 자른 겉감 벽면의 뒷면에 접착심지를 붙인 후, 자수로 넣어준다.

〈바느질〉
1. 자수를 놓은 겉감 벽면이 흐트러지지 않도록 재봉틀로 고정해준 후 재단한다.
2. 겉감 벽면과 안감 벽면을 각각 겉끼리 맞대어 바느질해준다. 안감 벽면에는 창구멍을 남기고 바느질해준다.
3. 2번의 겉감 벽면과 겉감 바닥을 겉끼리 맞대어 바느질해준다. 안감 벽면과 안감 바닥도 똑같이
   바느질해준다.
4. 복주머니용 천을 만들어준다.
5. 복주머니용 천과 겉감을 겉끼리 맞대어 시침질한 후, 안감을 안쪽으로 접어서 세 장을 한꺼번에
   바느질해준다.
6. 겉감의 바깥쪽 면이 보이도록 뒤집어서 창구멍을 공그르기해준다.
7. 창구멍을 스티치로 꿰매준다. 끈을 통과시켜 구슬을 끼워서 마무리해준다.

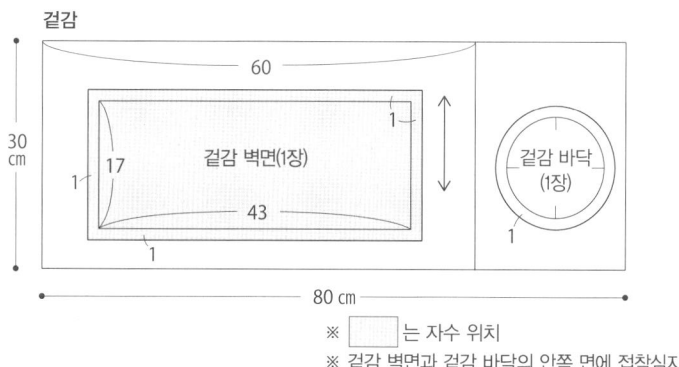

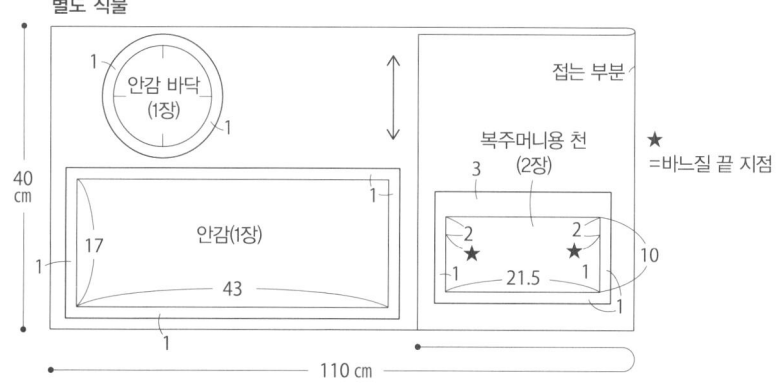

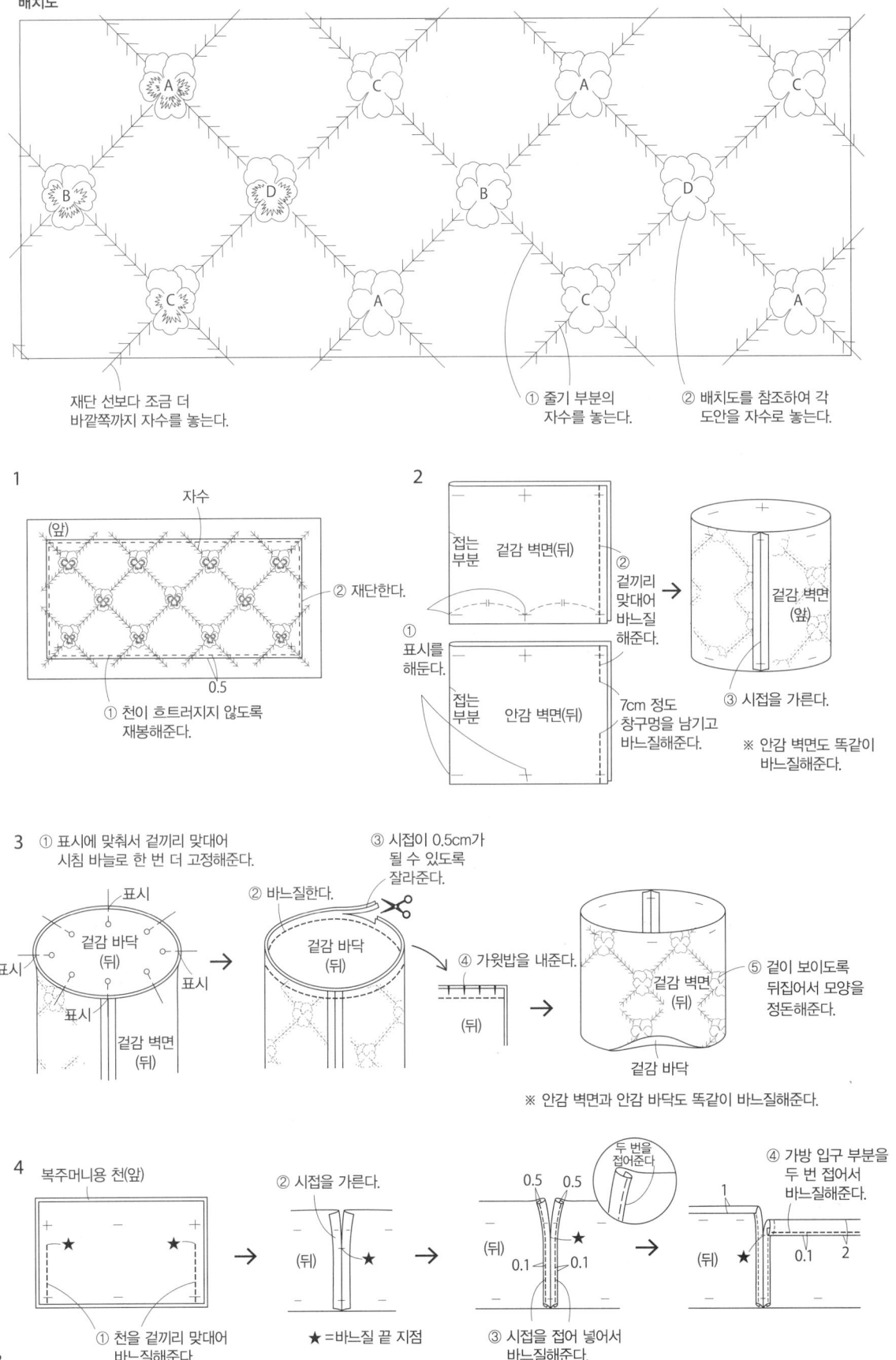

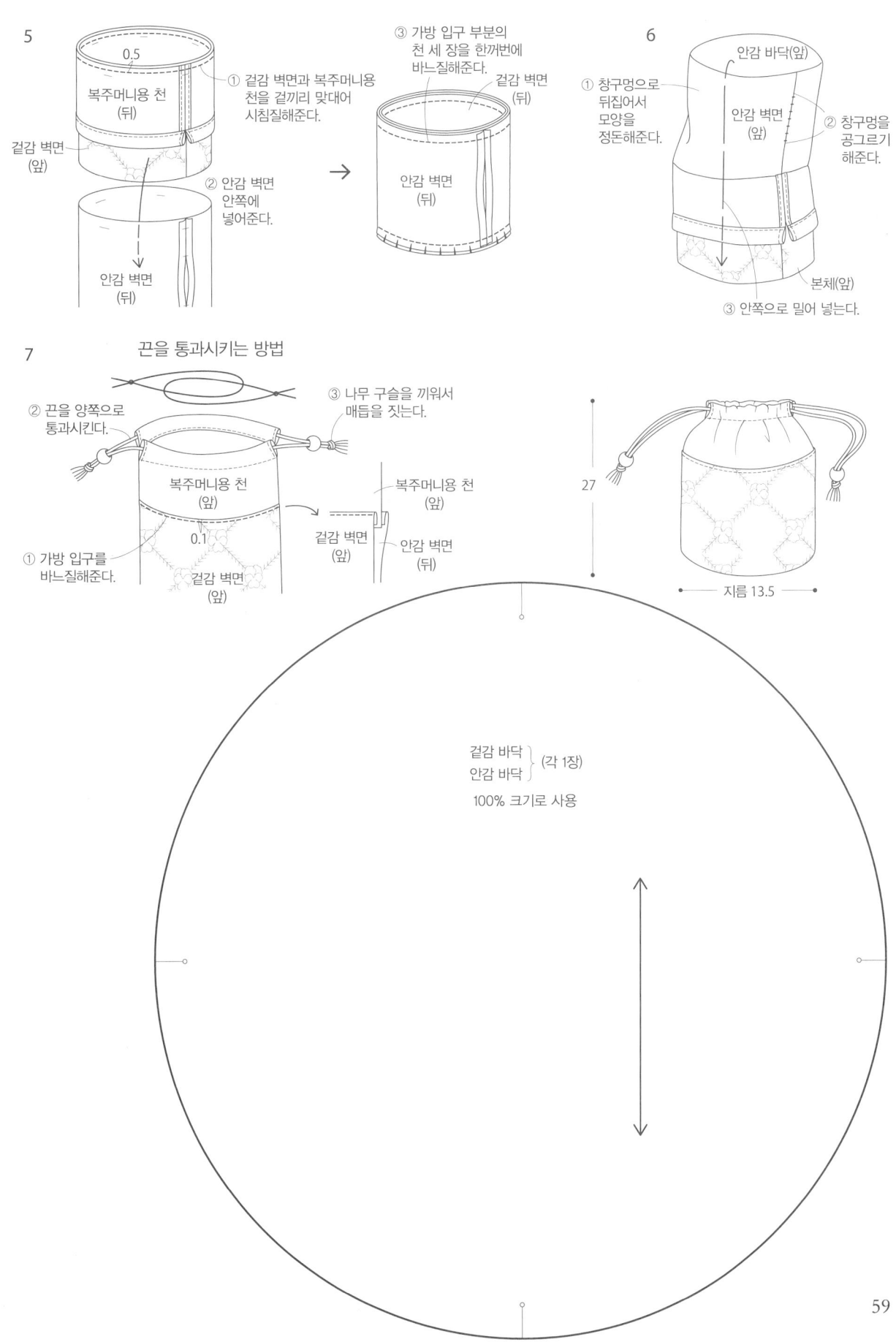

p. 18
팬지 부케 자수 엔벌로프 백

⟨DMC 25번사 자수실⟩
01, 29, 167, 317, 632, 646, 931, 932, 3042, 3047, 3750, 3787

⟨재료⟩
겉감(CHECK & STRIPE의 오리지널 네이비블루, 천연색 스트라이프) 70×70cm
안감(CHECK & STRIPE의 오리지널 바다 브로드클로스, 머시룸) 70×70cm
(얇은) 접착심지 70×70cm
(두꺼운) 접착심지 70×70cm
아일렛(쓰노다상점, A116, 놋쇠) 1개 세트

⟨완성품 크기⟩ 32×23cm

⟨도안 및 패턴⟩ 도안(p. 61), 패턴(p. 62)

⟨자수와 재단⟩
적당한 크기로 자른 겉감 뒷면에 (얇은) 접착심지를 붙여서 자수를 놓은 후, 자수 뒷면에 (두꺼운) 접착심지를 붙여서 재단한다.

⟨바느질⟩
1. 겉감에 아일렛(+)을 달아준다.
2. 겉감, 안감을 각각 접는 선을 따라서 접은 후 바느질해준다.
3. 2번을 겉끼리 맞대어 창구멍을 남겨두고 바느질해준다.
4. 겉감의 바깥쪽 면이 보이도록 뒤집어서 창구멍을 공그르기한 후, 아일렛(−)을 달아준다.

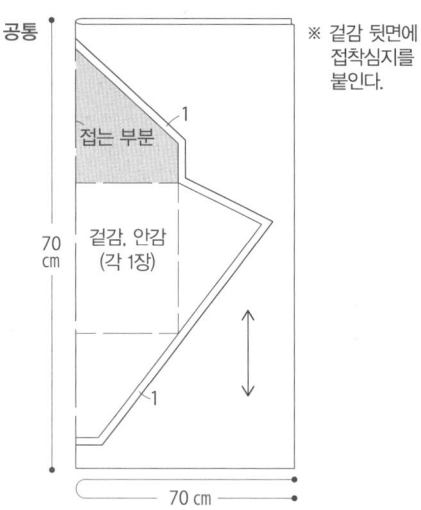

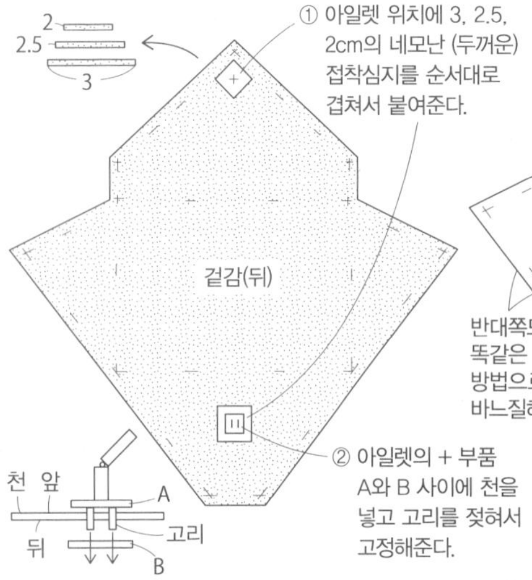

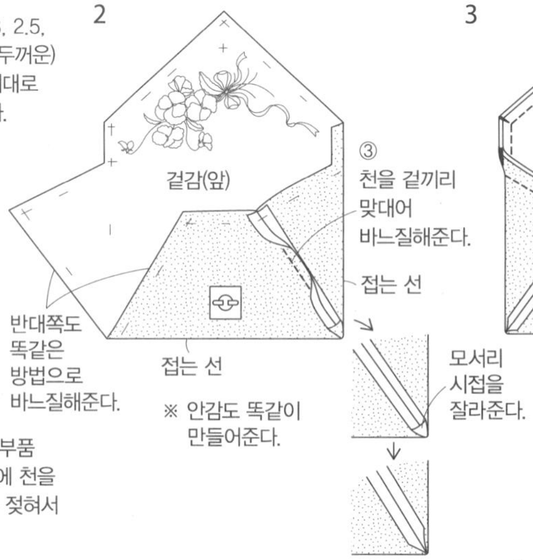

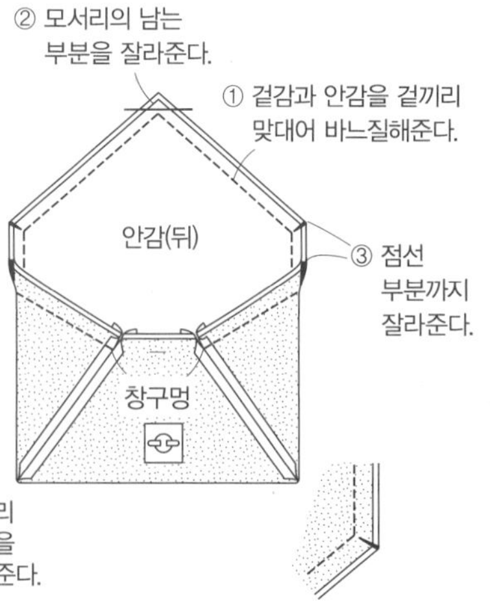

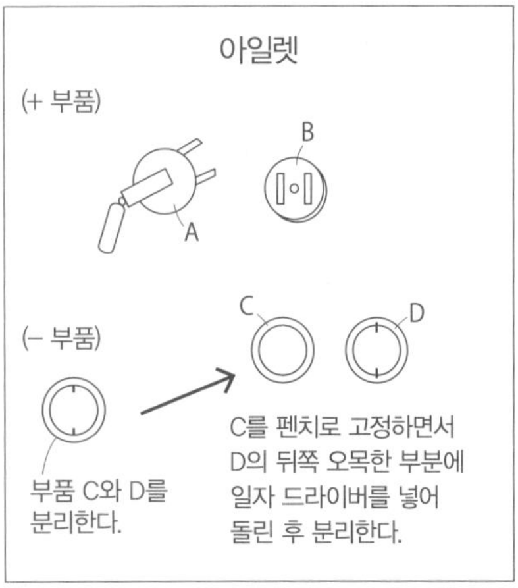

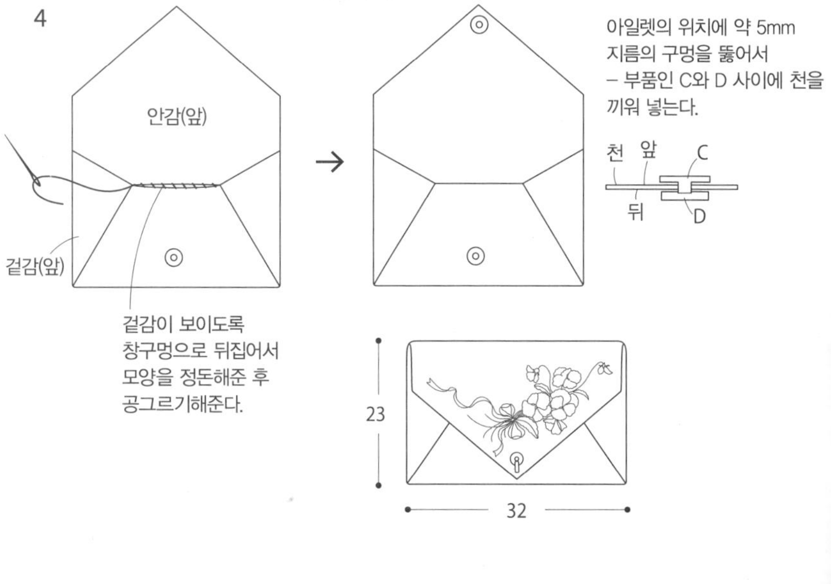

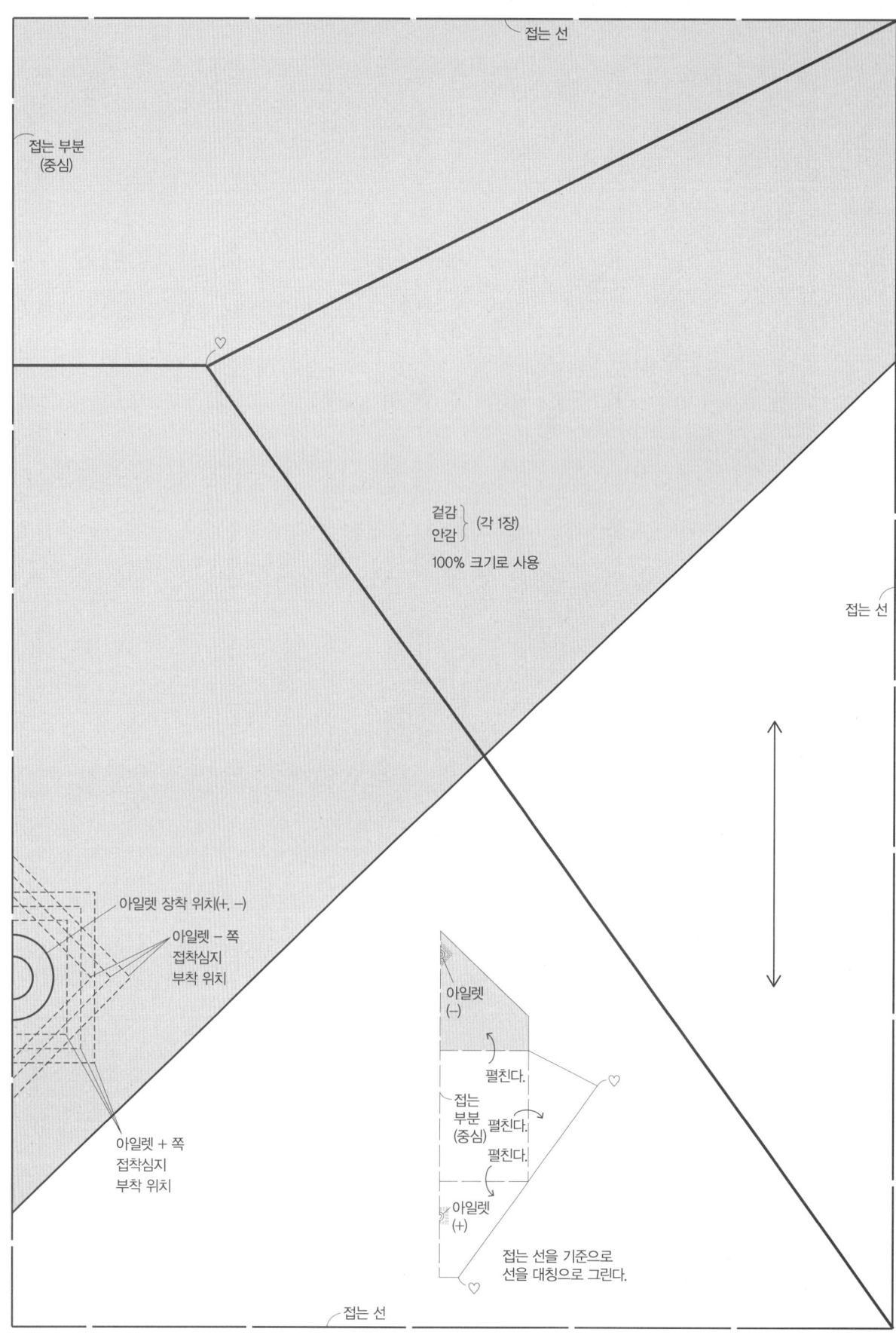

p. 22
야생화 자수 작업 가운

〈DMC 25번사 자수실〉
03, 10, 372, 500, 840, 931, 934, 3022, 3743, 3753, 3835

〈자수〉
자신이 좋아하는 코트 주머니에 자수를 넣는다(해당 작품의 주머니 폭은 16.3cm).

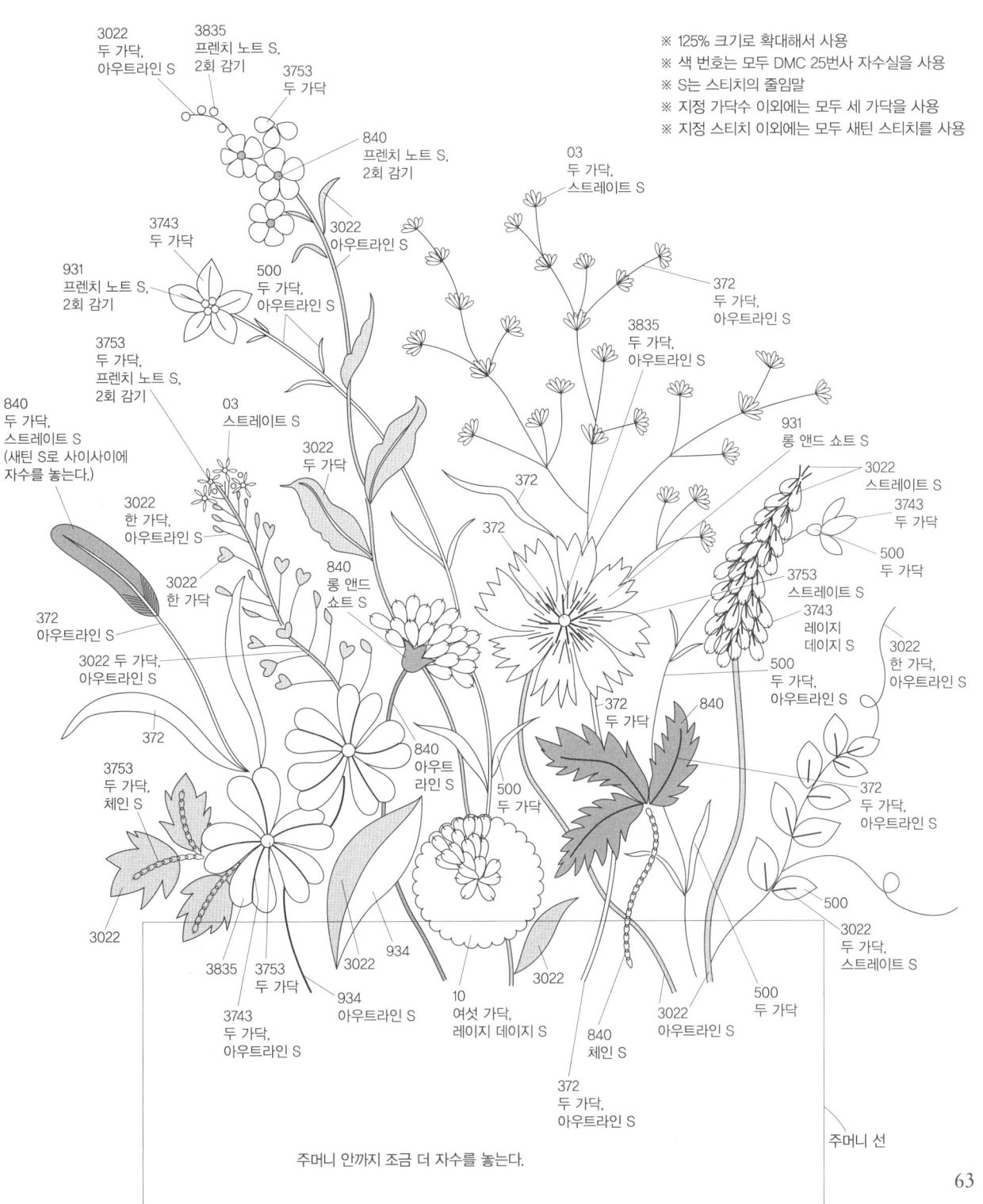

※ 125% 크기로 확대해서 사용
※ 색 번호는 모두 DMC 25번사 자수실을 사용
※ S는 스티치의 줄임말
※ 지정 가닥수 이외에는 모두 세 가닥을 사용
※ 지정 스티치 이외에는 모두 새틴 스티치를 사용

주머니 안까지 조금 더 자수를 놓는다.

p. 20
알파벳 자수 샘플러

〈DMC 25번사 자수실〉
09, 169, 645, 819, 3866

〈재료〉
천(CHECK & STRIPE의 오리지널 부드러운 리넨, 그레이시핑크)

※ 100% 크기로 사용
※ 색 번호는 모두 DMC 25번사 자수실을 사용
※ S는 스티치의 줄임말
※ 지정 가닥수 이외에는 모두 두 가닥을 사용
※ 지정 스티치 이외에는 모두 새틴 스티치를 사용

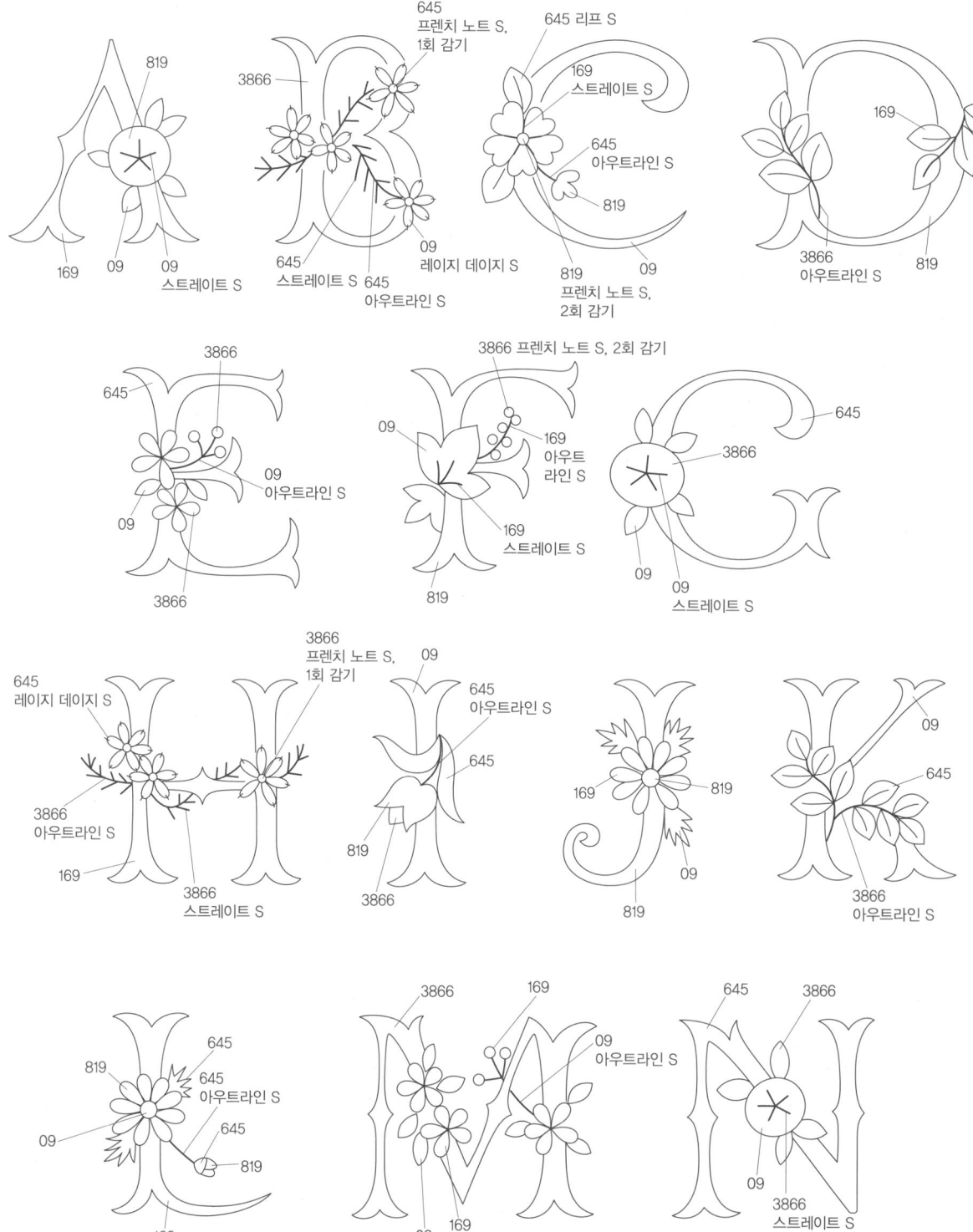

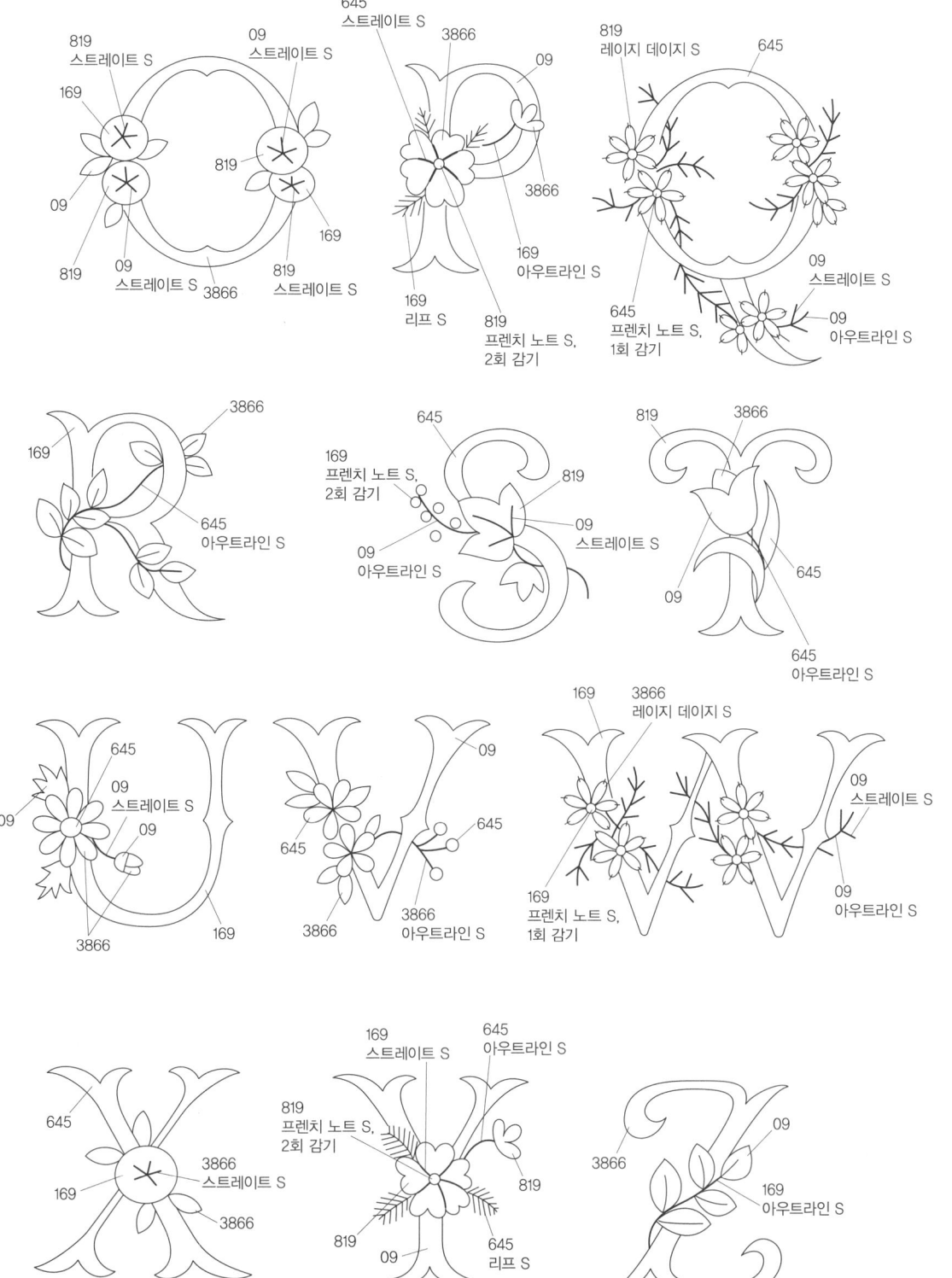

p. 21

이니셜 자수 미니 복주머니

〈DMC 25번사 자수실〉
BLANC, 3013, 3041

〈재료〉
겉감(CHECK & STRIPE의 오리지널 와이드 리넨, 화이트베이지) 30×20cm
안감(CHECK & STRIPE의 오리지널 바다 브로드클로스, 머시룸) 30×20cm
접착심지 30×20cm
두께 0.2cm의 끈(보라색) 50cm 2개

〈완성품 크기〉 9×13cm(끈 제외)

〈도안 및 패턴〉 p. 67

〈자수와 재단〉
적당한 크기로 자른 겉감 뒷면에 접착심지를 붙인 후, 한 장에만 자수를 놓고 재단해준다.

〈바느질〉
1. 겉감과 안감을 겉끼리 맞대어 주머니 입구를 바느질해준다. 똑같은 것을 두 세트로 만든다.
2. 1번을 겉끼리 맞대어 창구멍과 끈이 통과하는 통로를 남겨두고 바느질해준다.
3. 겉감의 바깥쪽 면이 보이도록 뒤집어서 창구멍을 공그르기해준다.
4. 끈이 통과하는 부분의 위아래 쪽을 바느질한 후, 끈을 통과시킨다.

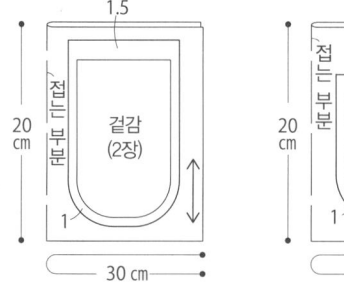
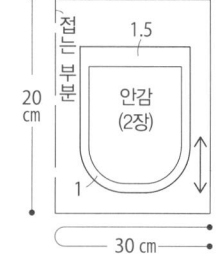

※ 겉감의 뒷면에 접착심지를 붙인다.
※ 겉감 1장에만 자수를 놓는다.

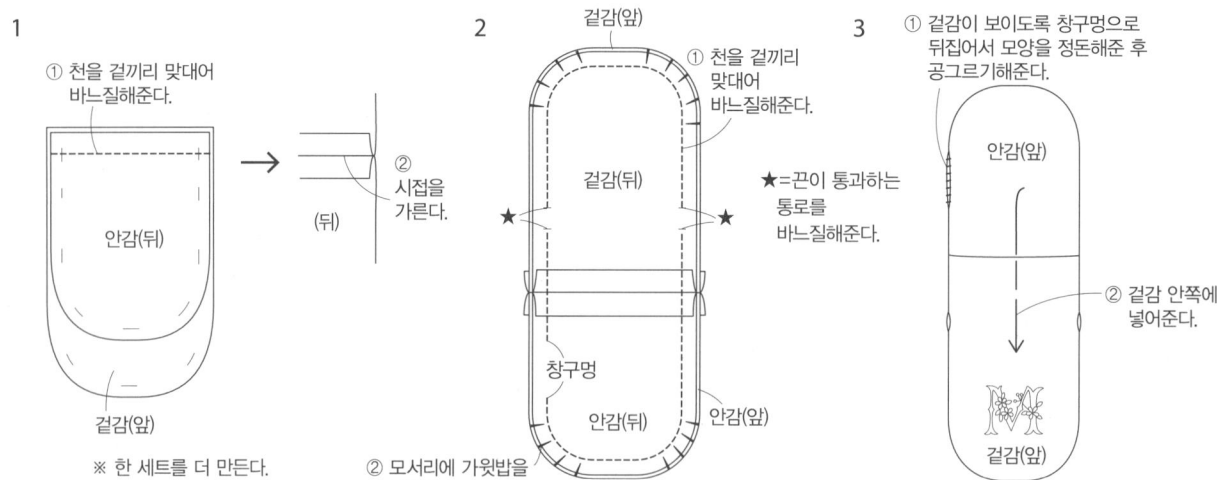

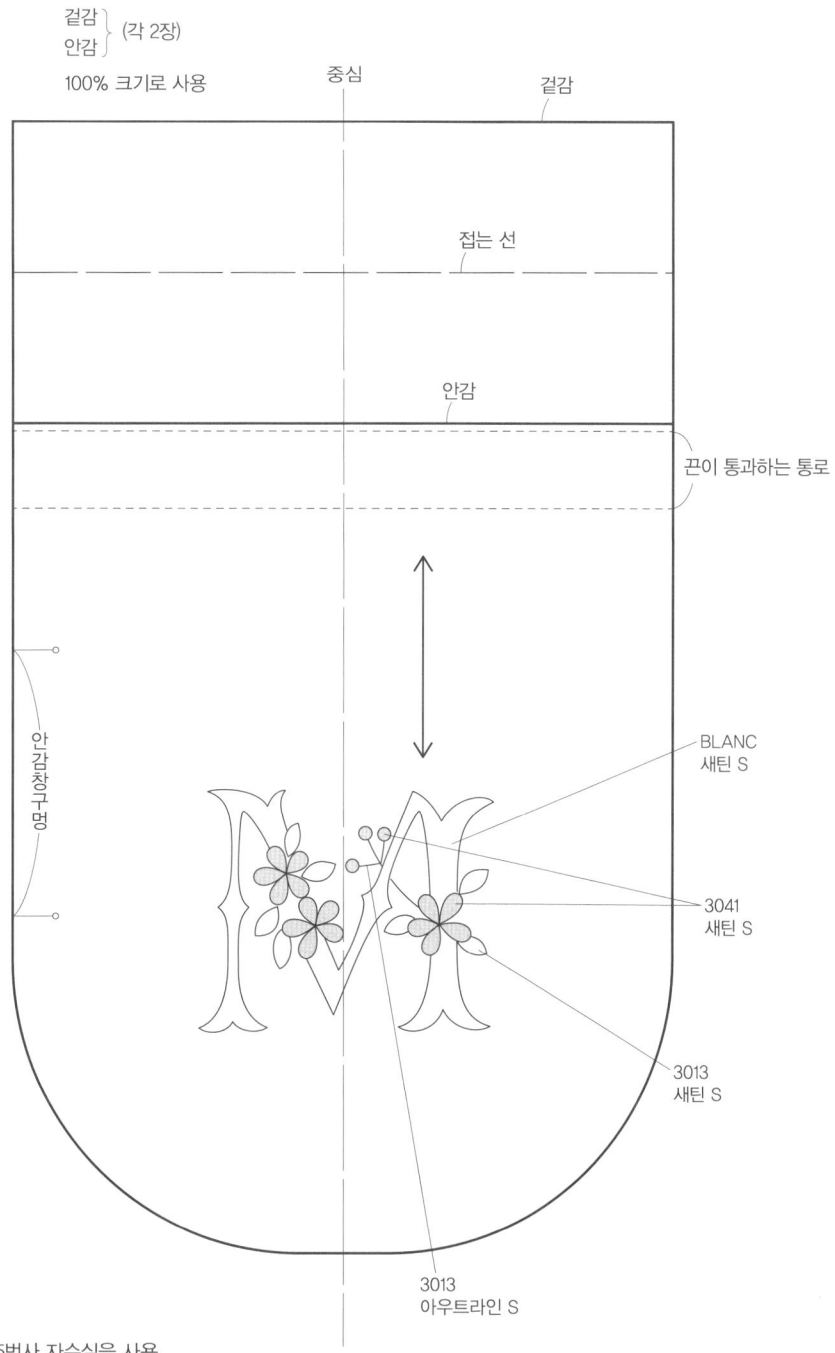

※ 100% 크기로 사용
※ 색 번호는 모두 DMC 25번사 자수실을 사용
※ S는 스티치의 줄임말
※ 모두 두 가닥 사용

p. 24
숲속 동식물 자수 지갑

〈DMC 25번사 자수실〉
223, 372, 451, 453, 762, 819, 838, 3787, 3862

〈재료〉
겉감(CHECK & STRIPE의 오리지널 컬러 리넨, 레디시브라운밀크) 70×35cm
안감(CHECK & STRIPE의 오리지널 바다 브로드클로스, 블루그레이) 90×35cm
접착심지 70×35cm
동전 지갑 무공프레임(쓰노다상점, 18cm의 나무 구슬이 달린 물림쇠, 다크브라운) 1개
40cm 체인(쓰노다상점, K109, 양쪽 끝에 고리가 달린 로프 체인, 앤티크) 1개

〈그 외〉 공예용 접착제(수성 타입)

〈완성품 크기〉 24×29.5cm(체인 제외)

〈도안 및 패턴〉 p. 69

〈자수와 재단〉
적당한 크기로 자른 겉감 뒷면에 접착심지를 붙인 후, 한 장에 자수로 넣어 재단해준다.

〈바느질〉
1. 안감에 주머니를 달아준다(p. 46 참조). 겉감 2장과 안감 2장을 각각 안쪽으로 접어서 바깥쪽 둘레를 바느질해준다.
2. 겉감과 안감을 겉끼리 맞대어 창구멍을 남겨두고 지갑 입구를 바느질해준다.
3. 겉감이 보이도록 뒤집은 후, 지갑 입구 테두리를 스티치로 꿰매준다.
4. 프레임을 달고 프레임의 원형 고리에 체인을 걸어준다.

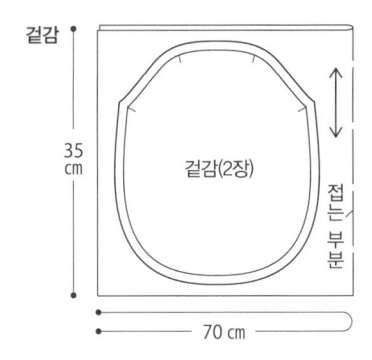

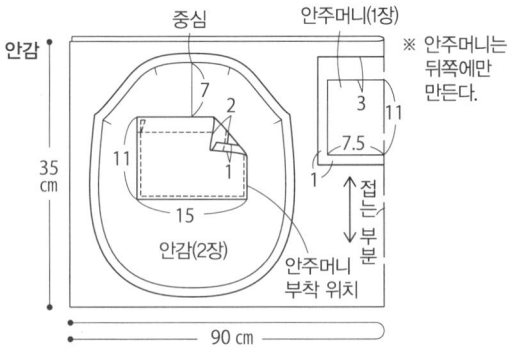

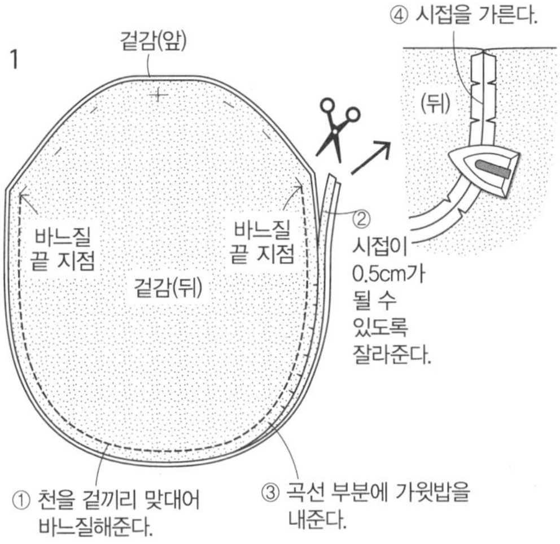

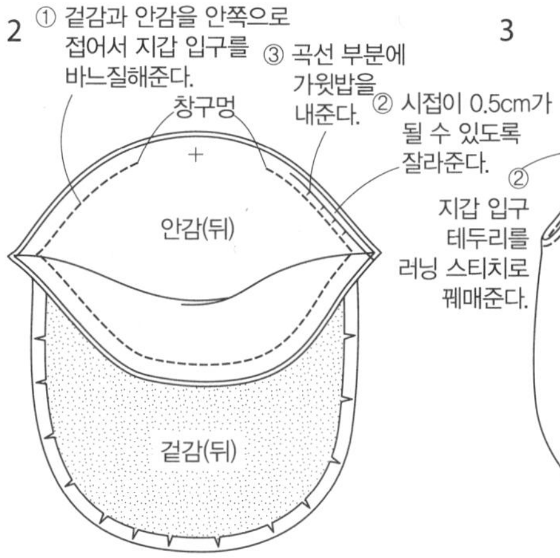

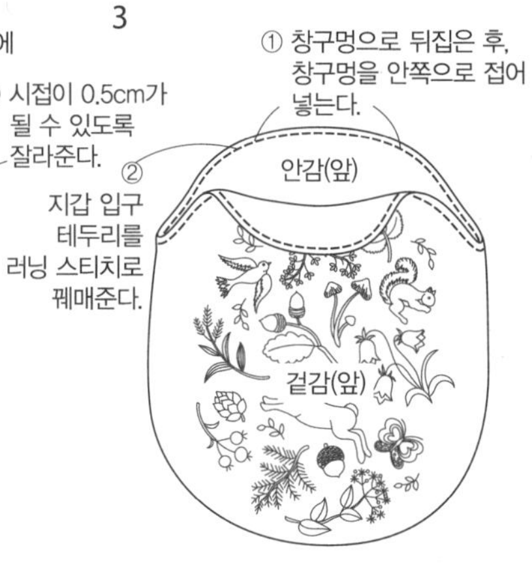

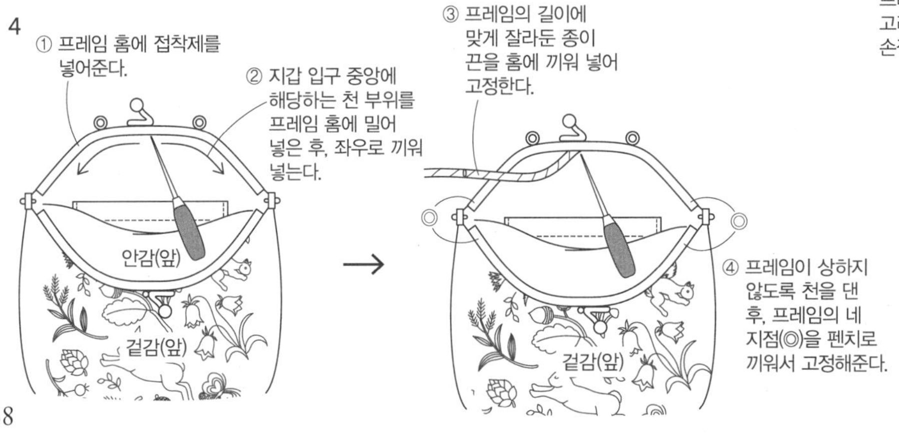

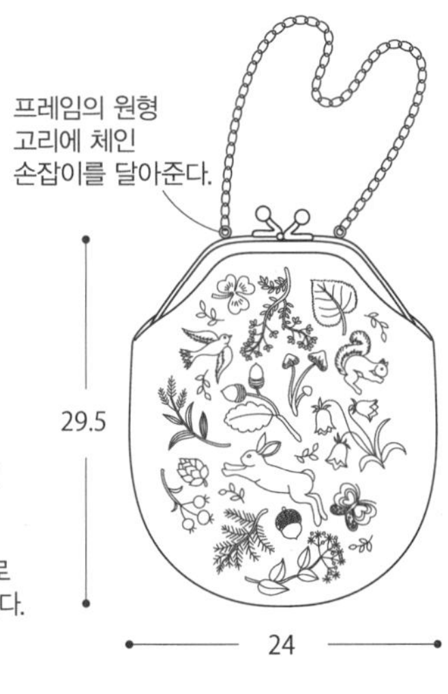

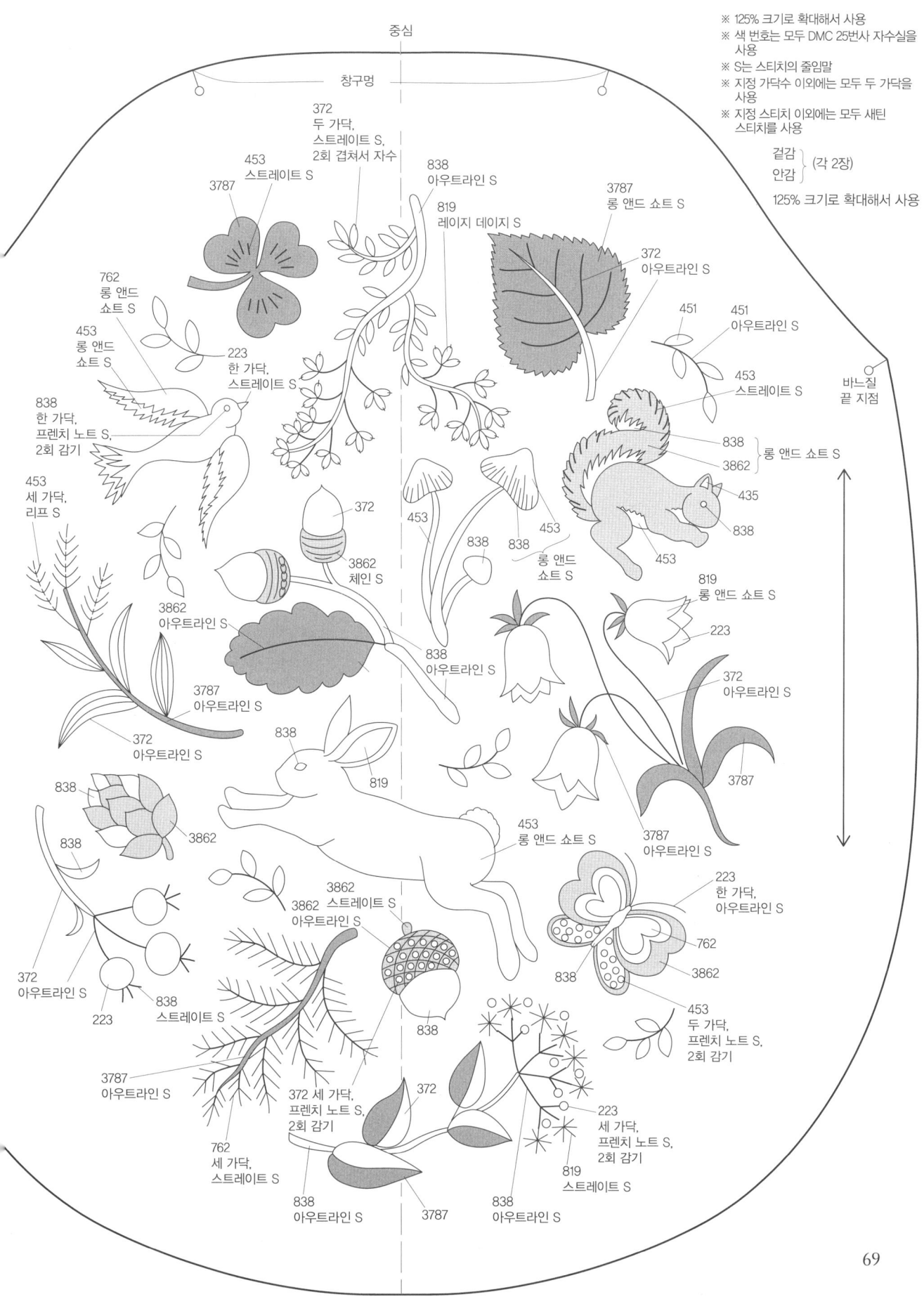

p. 26
숲속 동식물 단색 자수 블라우스

〈DMC 25번사 자수실〉
BLANC

〈자수〉
좋아하는 블라우스에 자수를 놓는다. (해당 작품은 CHECK & STRIPE 의 오리지널 부드러운 리넨, 유칼립투스를 사용한 CHECK & STRIPE 의 패턴 160, 드롭 숄더 풀오버)

※ 100% 크기로 사용
※ 색 번호는 모두 DMC 25번사 BLANC 자수실을 사용
※ S는 스티치의 줄임말
※ 지정 가닥수 이외에는 모두 세 가닥을 사용
※ 지정 스티치 이외에는 모두 아우트라인 스티치를 사용

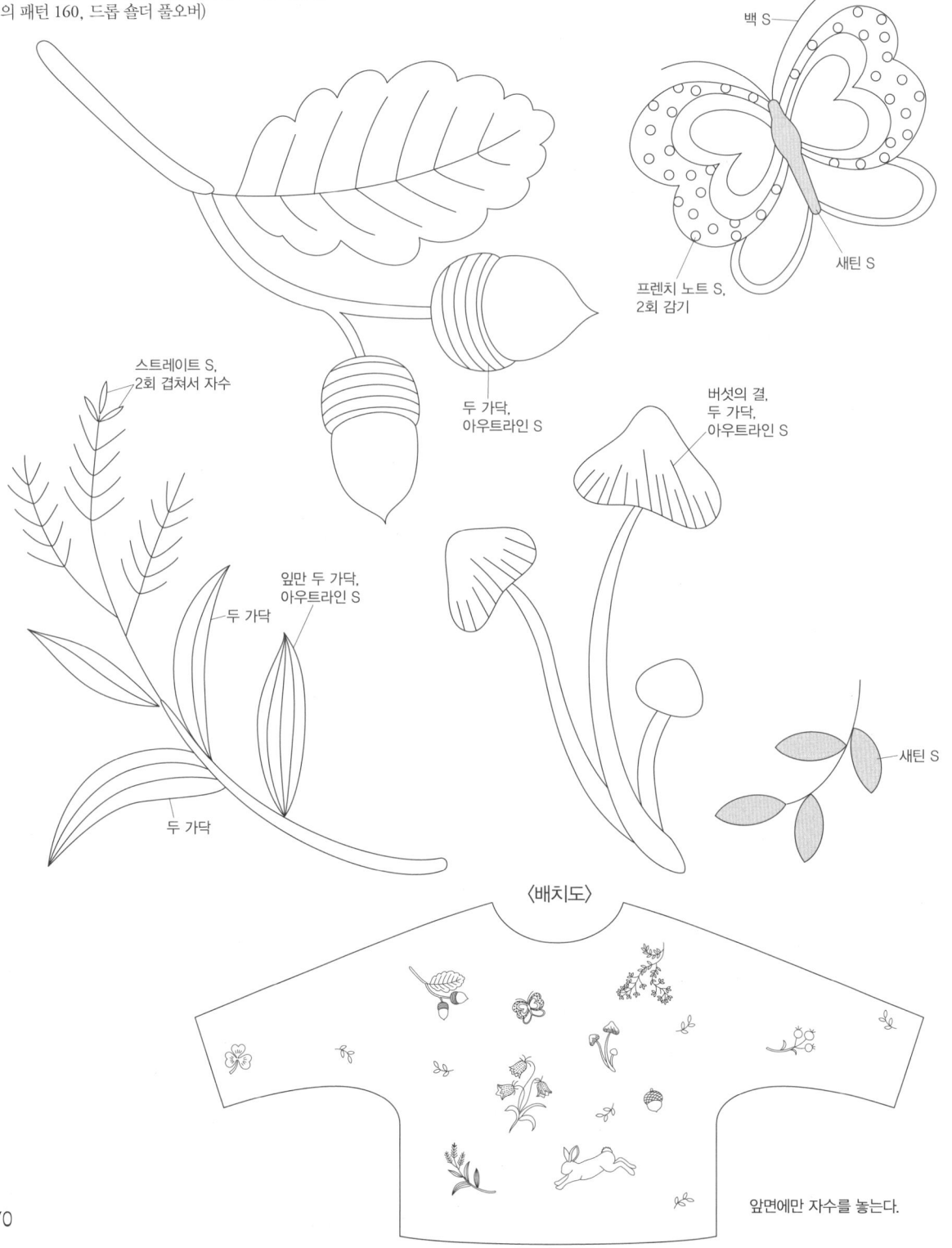

〈배치도〉

앞면에만 자수를 놓는다.

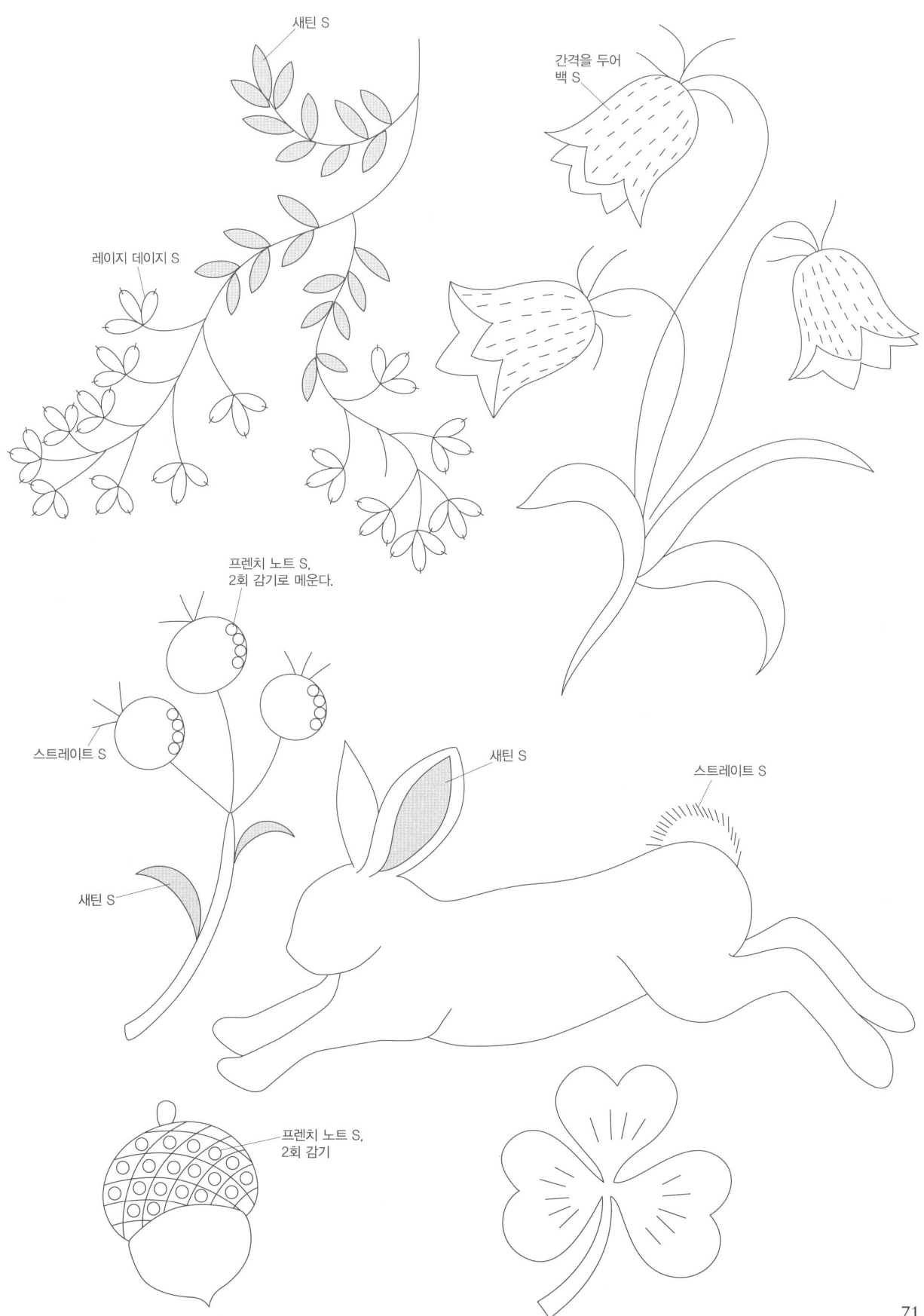

p. 27
다람쥐 & 도토리 자수 머리끈

〈DMC 25번사 자수실〉
372, 453, 838, 3862
〈재료〉
다람쥐 자수용 겉감(CHECK & STRIPE의 오리지널 컬러 리넨, 라프랑스)
12×12cm
도토리 자수용 겉감(CHECK & STRIPE의 오리지널 와이드 리넨, 화이트베이지)
8×8cm
접착심지 20×15cm
퀼팅솜 20×15cm
펠트 15×10cm
플라스틱판 15×10cm
폭 1.5cm의 면 능직 테이프 4cm 2개
두께 0.2cm의 머리끈 18cm
나무 구슬(갈색) 1개
〈그 외〉 공예용 접착제(수성 타입), 양면테이프
〈도안 및 패턴〉 p. 73
〈완성품 크기〉 그림 참조
〈자수와 재단〉
적당한 크기로 자른 겉감 뒷면에 접착심지를 붙인 후, 자수를 놓고 재단한다.
〈바느질〉
1. 플라스틱판과 퀼팅솜을 형지 모양대로 자른 후, 겉감으로 감싼다.
2. 형지 모양대로 자른 펠트의 칼집에 능직 테이프를 끼워 넣고 1번의 뒷면에 붙여준다.
3. 머리끈에 2번과 구슬을 끼워서 매듭을 지어 마무리해준다.

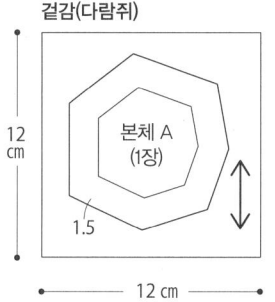

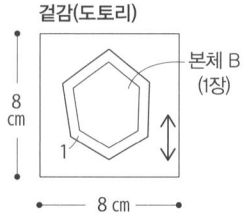

※ 겉감 뒷면에 접착심지를 붙인다.

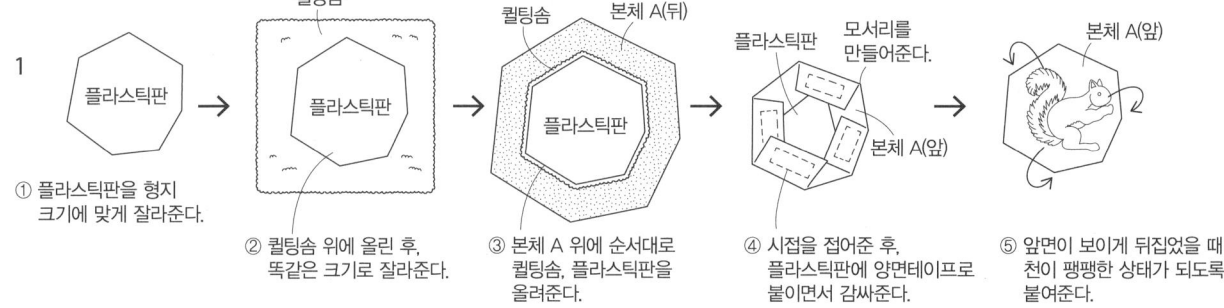

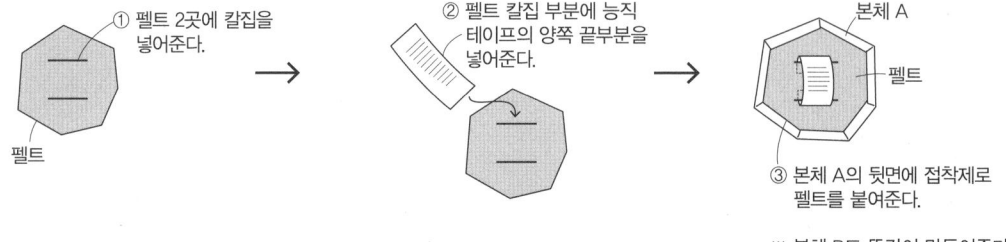

※ 본체 B도 똑같이 만들어준다.

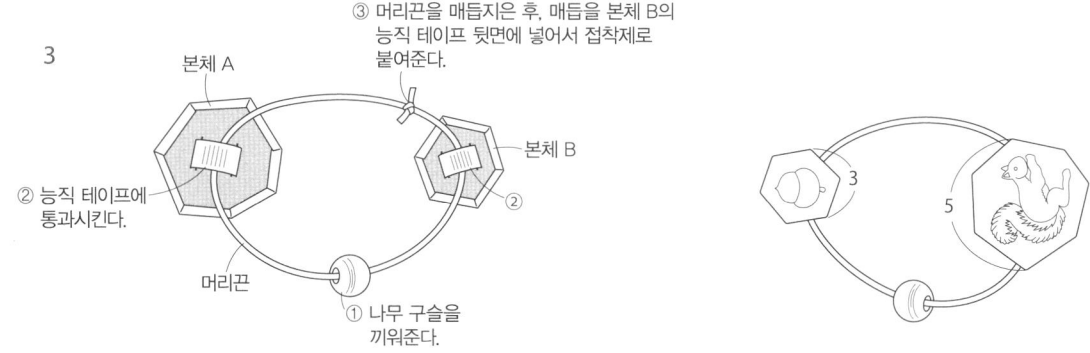

③ 머리끈을 매듭지은 후, 매듭을 본체 B의 능직 테이프 뒷면에 넣어서 접착제로 붙여준다.

본체 A
본체 B
② 능직 테이프에 통과시킨다.
머리끈
① 나무 구슬을 끼워준다.

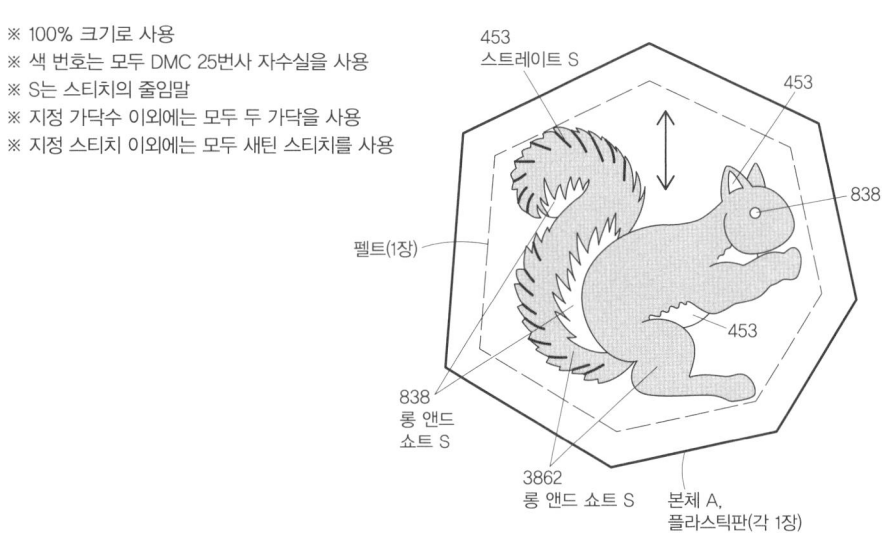

※ 100% 크기로 사용
※ 색 번호는 모두 DMC 25번사 자수실을 사용
※ S는 스티치의 줄임말
※ 지정 가닥수 이외에는 모두 두 가닥을 사용
※ 지정 스티치 이외에는 모두 새틴 스티치를 사용

453 스트레이트 S
453
838
펠트(1장)
453
838 롱 앤드 쇼트 S
3862 롱 앤드 쇼트 S
본체 A, 플라스틱판(각 1장)

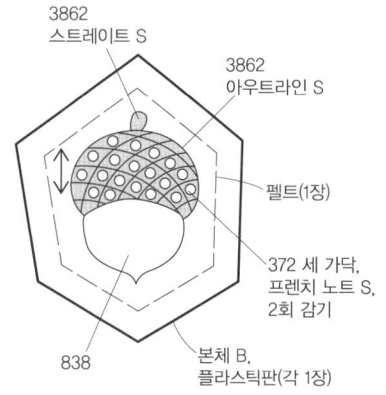

3862 스트레이트 S
3862 아우트라인 S
펠트(1장)
372 세 가닥, 프렌치 노트 S, 2회 감기
838
본체 B, 플라스틱판(각 1장)

p. 28
백조 & 레이스 자수 백

〈DMC 25번사 자수실〉
162, 169, 452, 3024, 3363, 3799, 3865

〈재료〉
겉감(CHECK & STRIPE의 리넨 트윌, 베이지) 90×45cm
별도 직물(CHECK & STRIPE의 오리지널 부드러운 리넨, 블랙) 60×50cm
안감(CHECK & STRIPE의 오리지널 바다 브로드클로스, 그레이시카키) 90×45cm
(얇은) 접착심지 45×50cm
(두꺼운) 접착심지 90×45cm
손잡이(쓰노다상점, D4, 플라스틱 타원형 손잡이, 블랙 15.5×10.5cm) 1세트

〈완성품 크기〉 25×32×11cm(손잡이 제외)

〈도안〉 p. 76

〈자수와 재단〉
적당한 크기로 자른 별도 직물의 뒷면에 (얇은) 접착심지를 붙인 후, 자수를 놓는다.
겉감에 (두꺼운) 접착심지를 붙인다.

〈바느질〉
1. 자수를 놓은 장식용 천이 흐트러지지 않도록 재봉틀로 고정해준 후 재단한다.
   겉감에 바느질해서 달아준다.
2. 겉감에 손잡이 연결용 천을 시침질해준다.
3. 겉감 2장과 안감 2장을 각각 겉끼리 맞대어 바닥 부분을 바느질해준다.
4. 겉감과 안감을 겉끼리 맞대어 가방 입구 부분을 바느질해준다.
5. 4번에서 바느질하느라 접었던 부분을 펼쳐준 후, 창구멍을 남겨두고 바느질해준다.
6. 겉감의 바깥쪽 면이 보이도록 뒤집어서 창구멍을 공그르기해준다. 가방 입구 부분을 스티치로 꿰매준다.

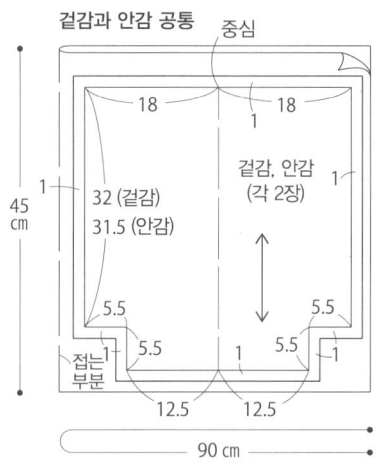

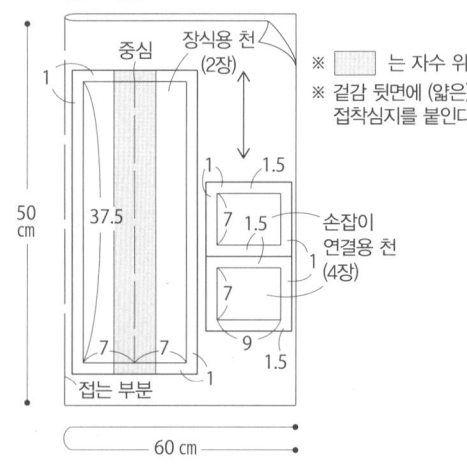

1

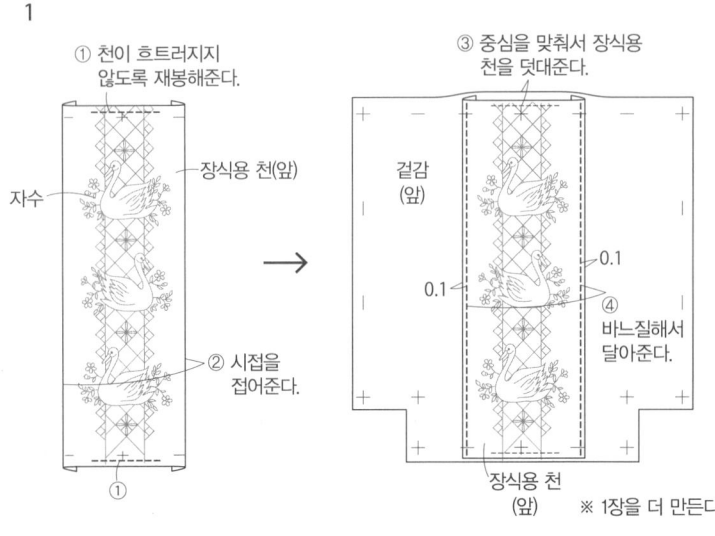

2

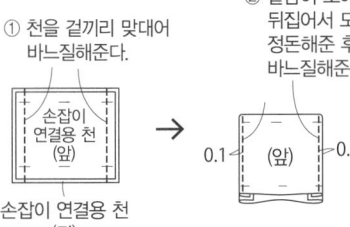

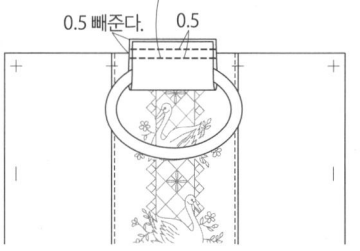

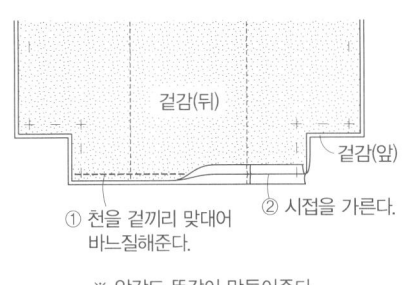
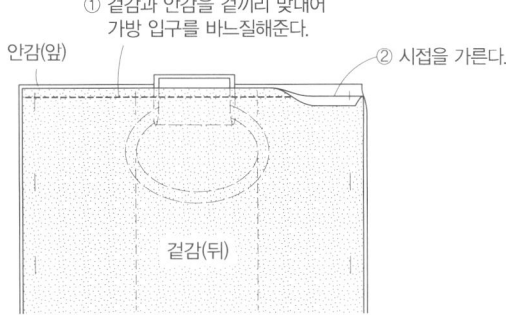
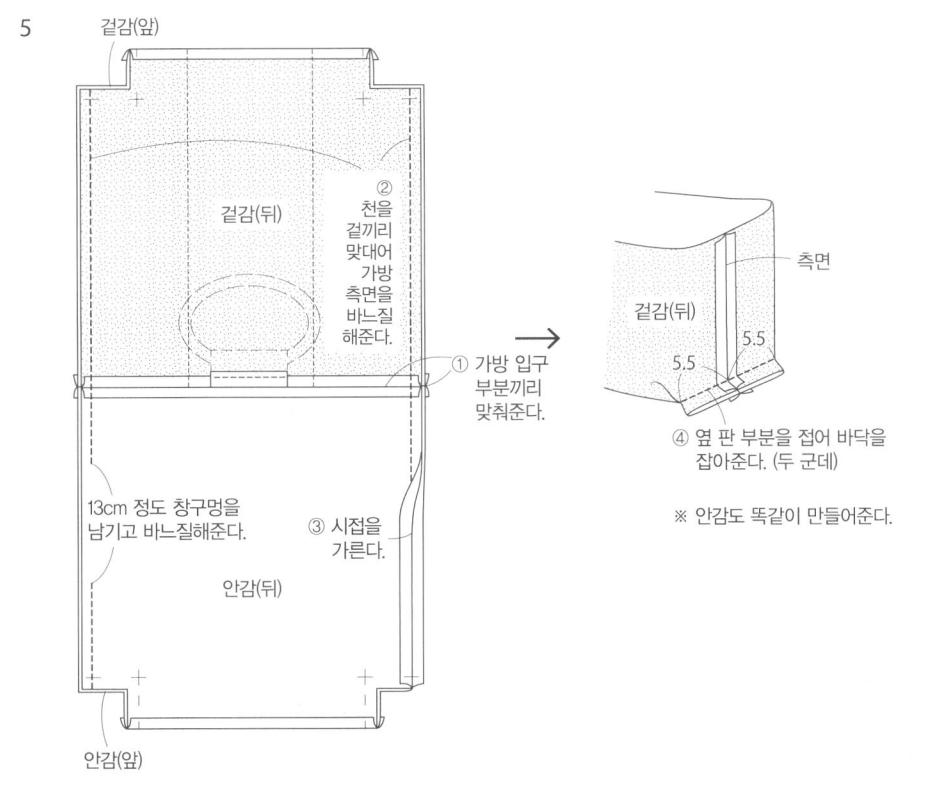
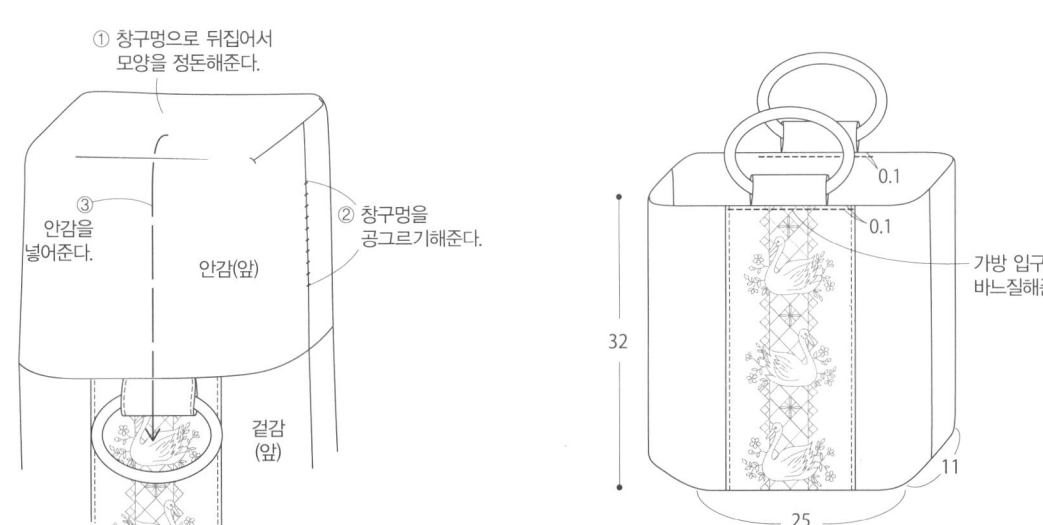

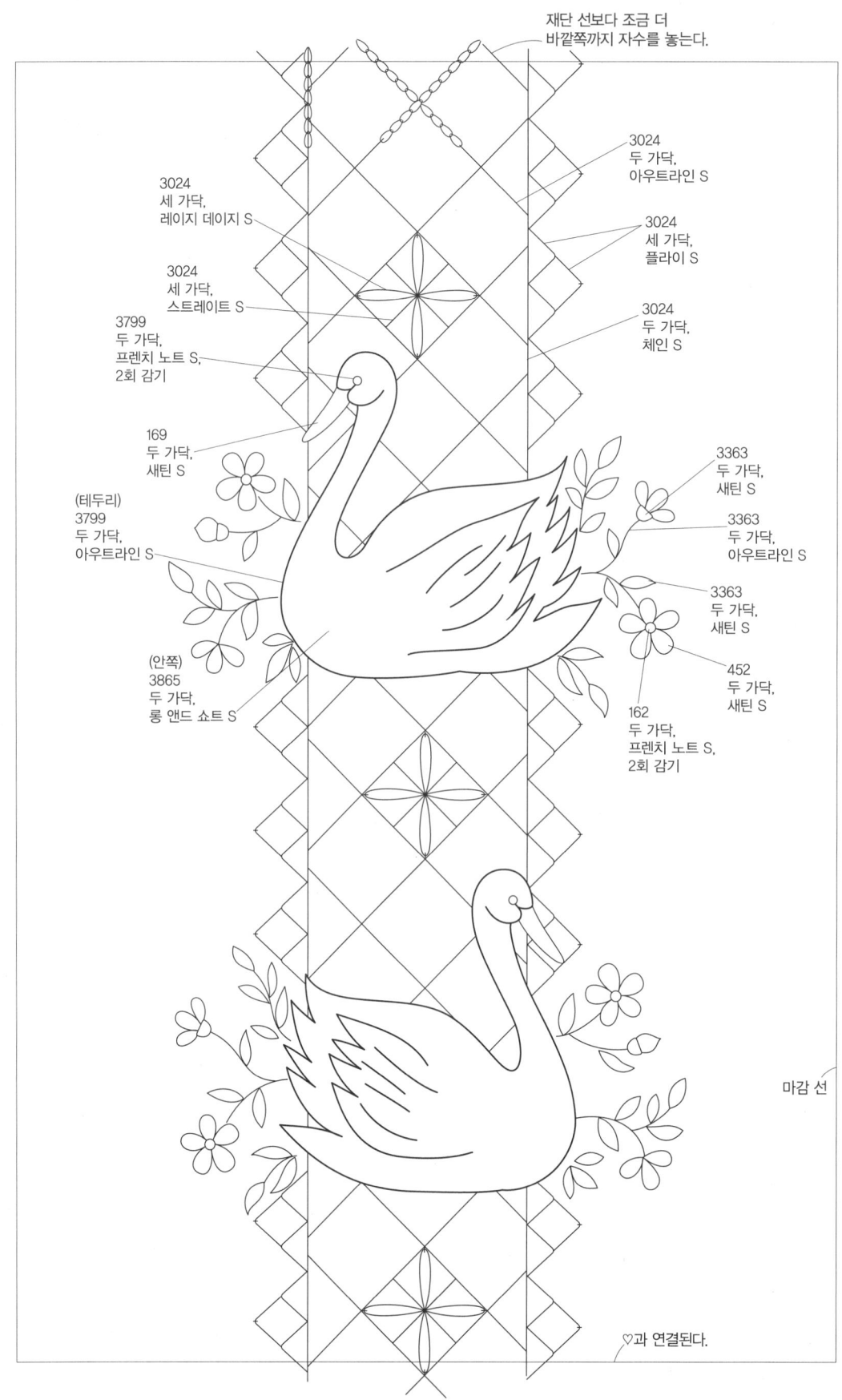

마감 선

바닥

장식용 천의 뒷면은 레이스 모양만
자수를 놓아도 된다.

재단 선보다 조금 더 바깥쪽까지
자수를 놓는다.

※ 100% 크기로 사용
※ 색 번호는 모두 DMC 25번사 자수실을 사용
※ S는 스티치의 줄임말

p. 30
백조 자수 지갑

〈DMC 25번사 자수실〉
225, 317, 823, 3013, 3042, 3835, BLANC, 3836(태슬용)

〈재료〉
겉감(CHECK & STRIPE의 오리지널 컬러 리넨, 라이트블루) 45×20cm
안감(CHECK & STRIPE의 오리지널 100% 코튼, 차콜그레이 바탕에 파란색 물방울무늬) 45×20cm
접착심지 45×20cm
동전 지갑 무공프레임(쓰노다상점, F203, 물방울 모양 니켈 물림쇠/9.9cm) 1개

〈그 외〉 공예용 접착제(수성 타입)

〈완성품 크기〉 16×14cm

〈도안 및 패턴〉 p. 80

〈자수와 재단〉
적당한 크기로 자른 겉감 뒷면에 접착심지를 붙인 후, 한 장에 자수로 넣어 재단해준다.

〈바느질〉
1. 겉감 2장과 안감 2장을 각각 겉끼리 맞대어 바깥쪽 둘레를 바느질해준다.
2. 겉감과 안감을 겉끼리 맞대어 창구멍을 남겨두고 입구 둘레를 바느질해준다.
3. 겉감이 보이도록 뒤집은 후, 지갑 입구 테두리를 스티치로 꿰매준다.
4. 프레임을 달고 태슬을 걸어준다.

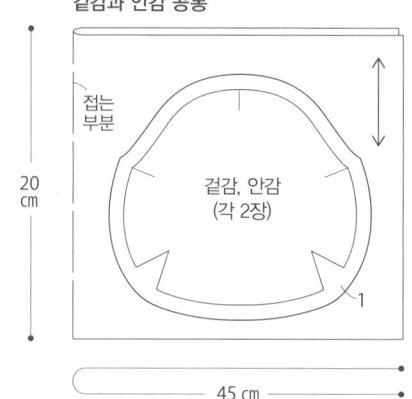

※ 겉감 뒷면에 접착심지를 붙인다.
※ 겉감 1장에만 자수를 놓는다.

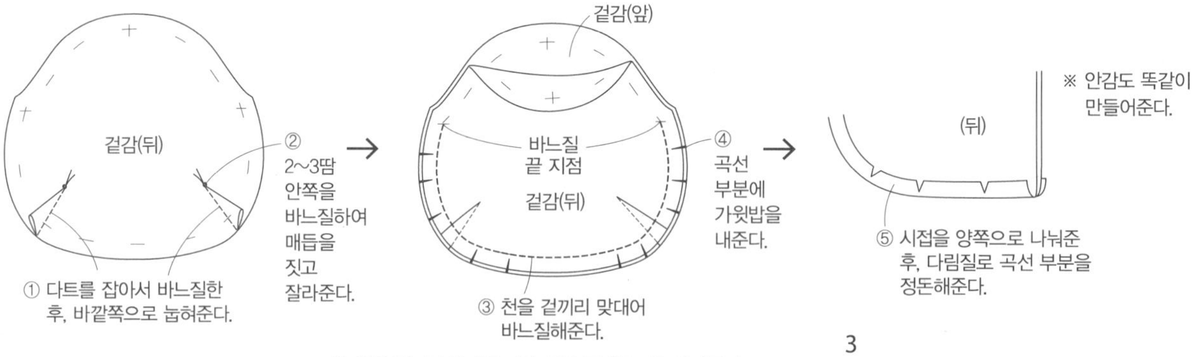

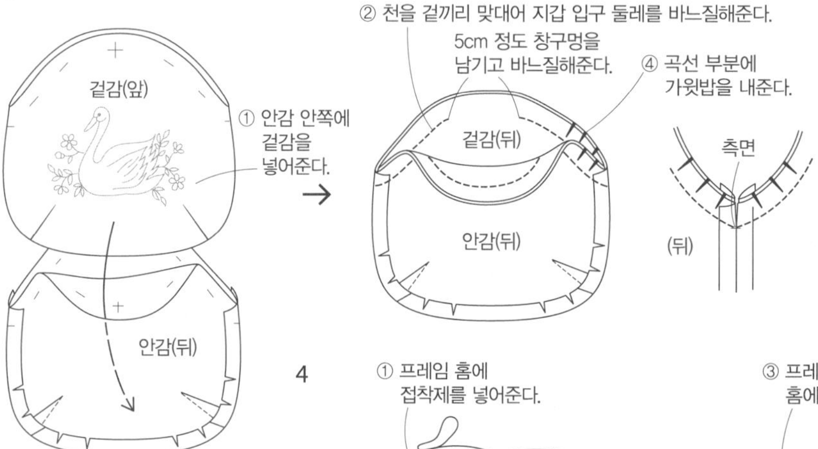

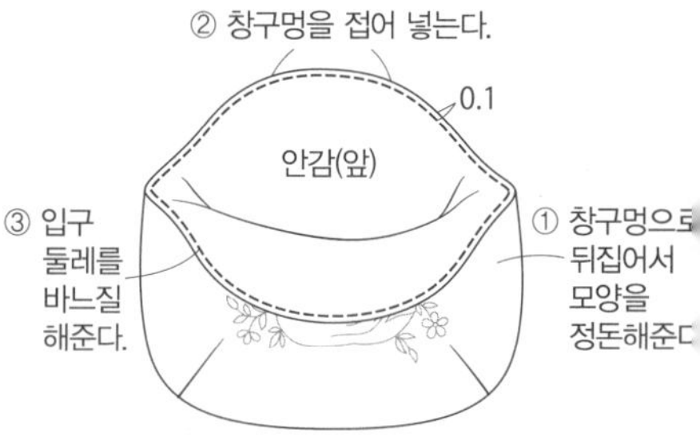

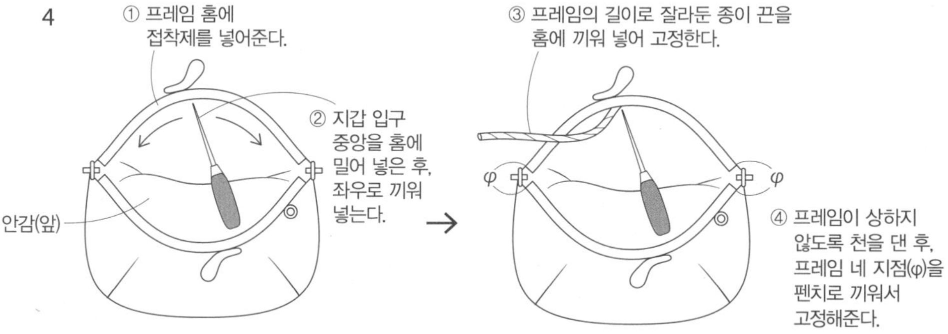

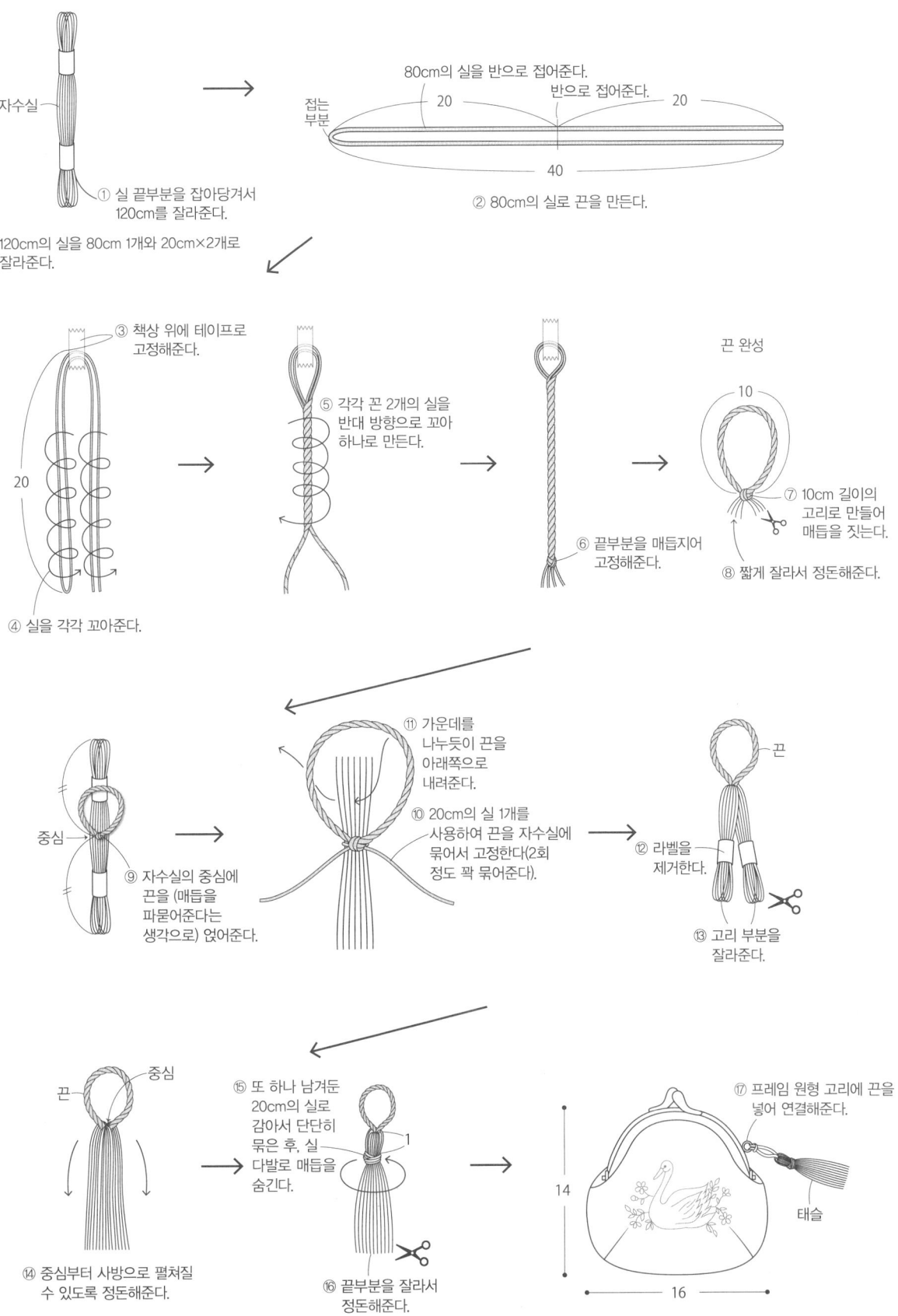

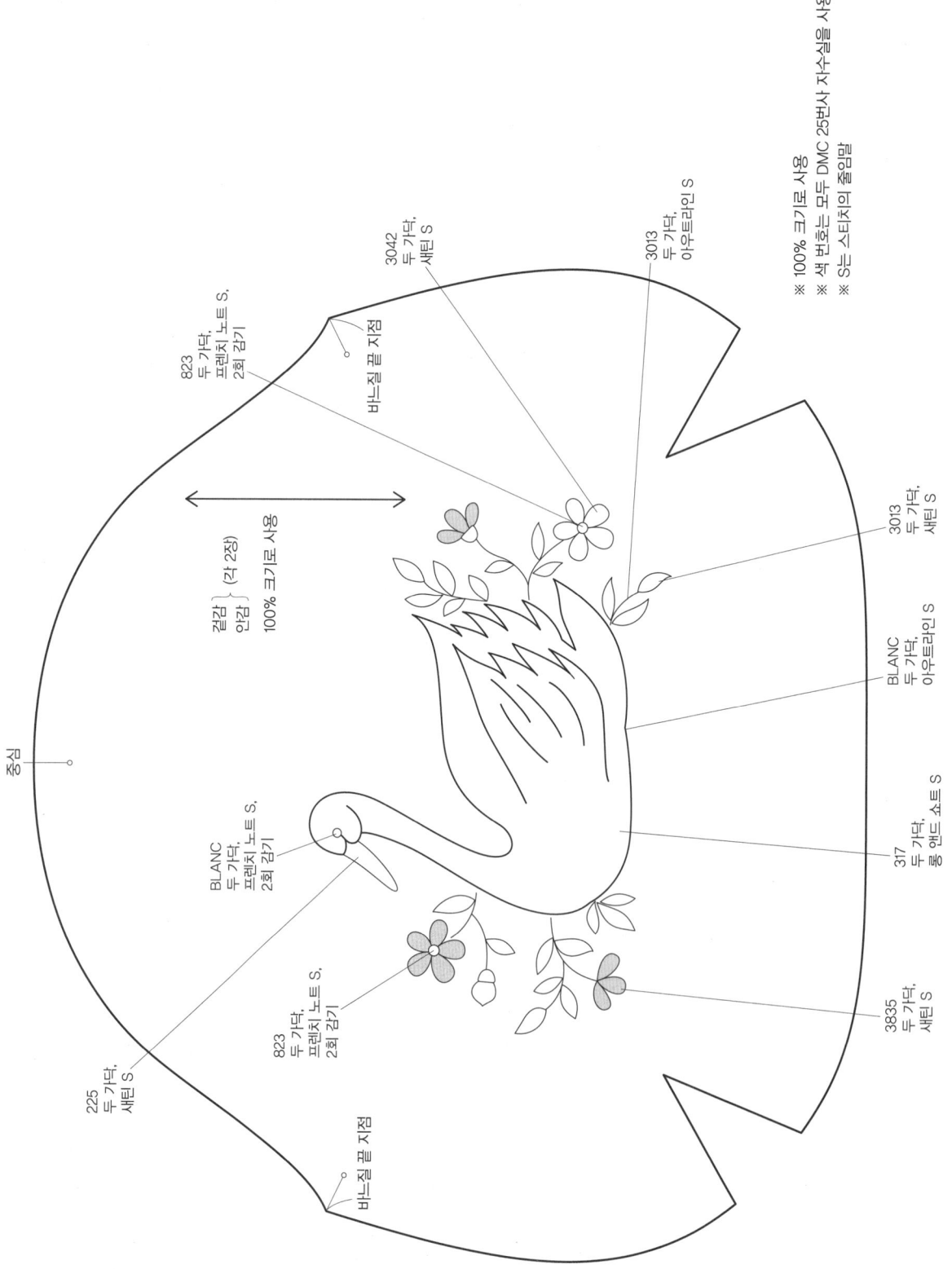

p. 32

열쇠 & 리본 자수 샘플러

〈DMC 25번사 자수실〉
168, 739, 819, 3021, 3768, 3779, 3865

〈재료〉
천(CHECK & STRIPE의 오리지널 컬러 리넨, 스트로베리크림)

※ 125% 크기로 확대해서 사용
※ 색 번호는 모두 DMC 25번사 자수실을 사용
※ S는 스티치의 줄임말
※ 지정 가닥수 이외에는 모두 두 가닥을 사용
※ 지정 스티치 이외에는 모두 새틴 스티치를 사용

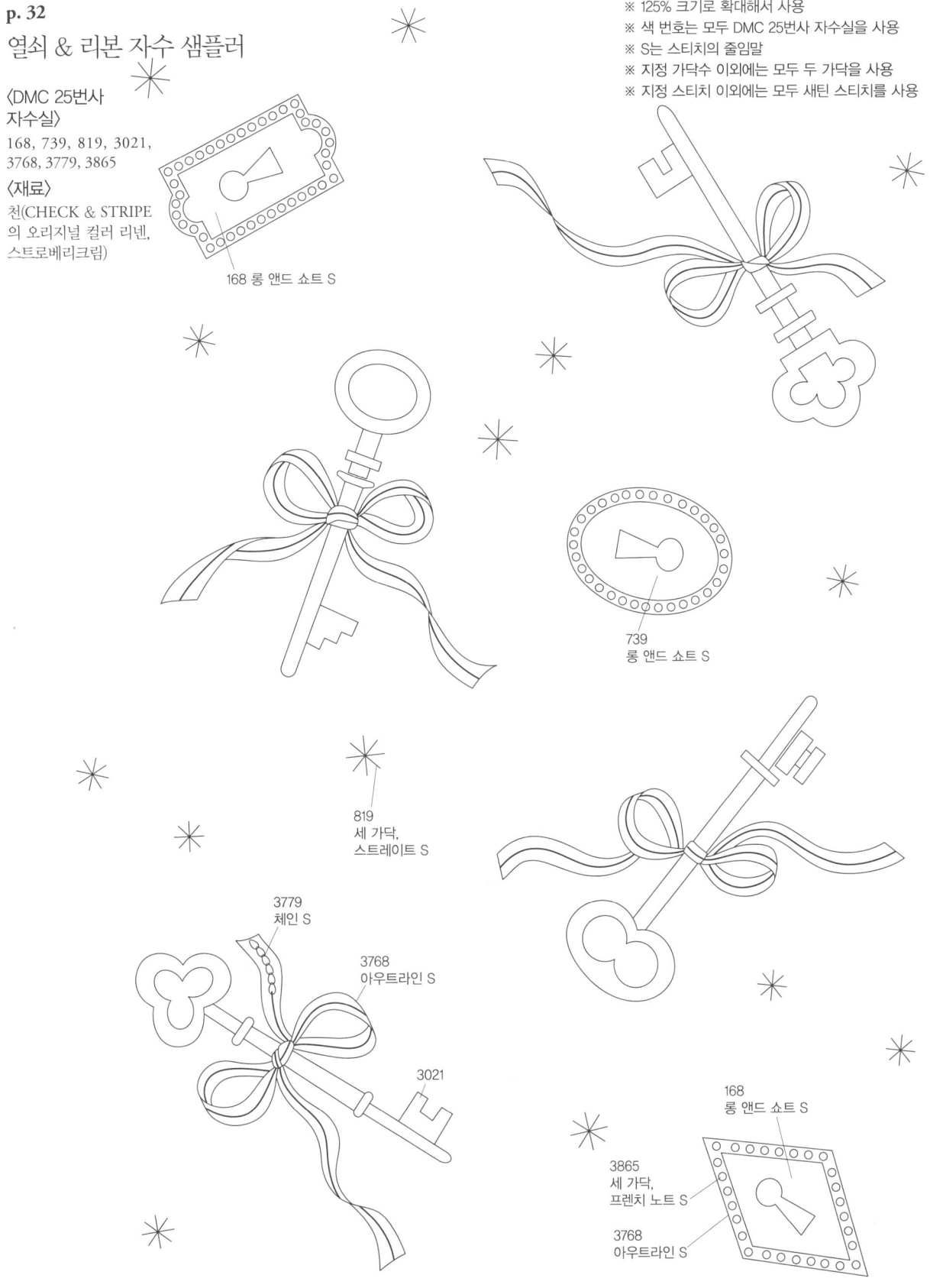

168 롱 앤드 쇼트 S

739 롱 앤드 쇼트 S

819 세 가닥, 스트레이트 S

3779 체인 S

3768 아우트라인 S

3021

168 롱 앤드 쇼트 S

3865 세 가닥, 프렌치 노트 S

3768 아우트라인 S

p. 33
열쇠 & 리본 자수 열쇠 주머니

⟨DMC 25번사 자수실⟩
535, 648, 3861

⟨재료⟩
겉감(CHECK & STRIPE 역직기로 엮은 면, 시나몬) 30×20cm
안감(CHECK & STRIPE의 오리지널 바다 브로드클로스, 그레이시핑크) 30×20cm
접착심지 30×20cm
폭 0.3cm의 가죽끈(진갈색) 55cm
후크형 쇠 장식(쓰노다상점, H510, 소형 팔자 고리, AT 3.9×2.2cm) 1개

⟨완성품 크기⟩ 7.5×11cm(끈 제외)

⟨도안 및 패턴⟩ p. 83

⟨자수와 재단⟩
적당한 크기로 자른 천 뒷면에 접착심지를 붙인 후, 한 장에 자수로 넣어 재단해준다.

⟨바느질⟩
1. 겉감 본체 2장을 안쪽으로 접은 후, 끈을 통과시킬 구멍을 남겨두고 바깥쪽 둘레를 바느질해준다.
2. 안감 본체 2장을 안쪽으로 접은 후, 창구멍과 끈을 통과시킬 구멍을 남겨두고 바깥쪽 둘레를 바느질해준다.
3. 안감 본체 안에 겉감 본체를 겹쳐 넣은 후, 아래쪽을 바느질해준다.
4. 겉감의 바깥쪽 면에 보이도록 뒤집어서 창구멍과 끈을 통과시킬 구멍 테두리를 공그르기해준다.
5. 쇠 장식에 가죽끈을 통과시킨 후, 끈 통과용 구멍에 통과시켜 매듭을 짓는다.

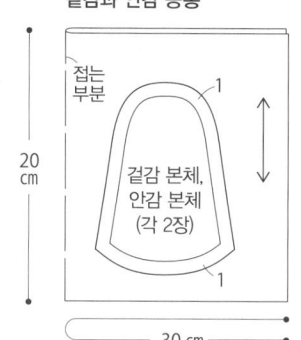

※ 겉감 뒷면에 접착심지를 붙인다.
※ 겉감 1장에만 자수를 놓는다.

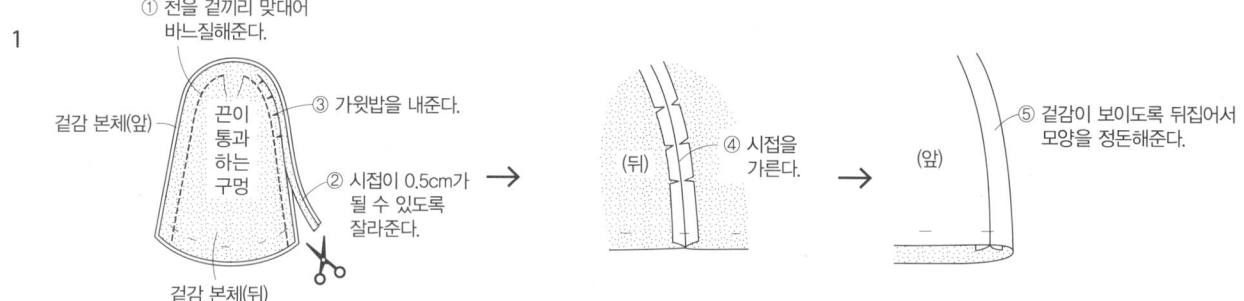

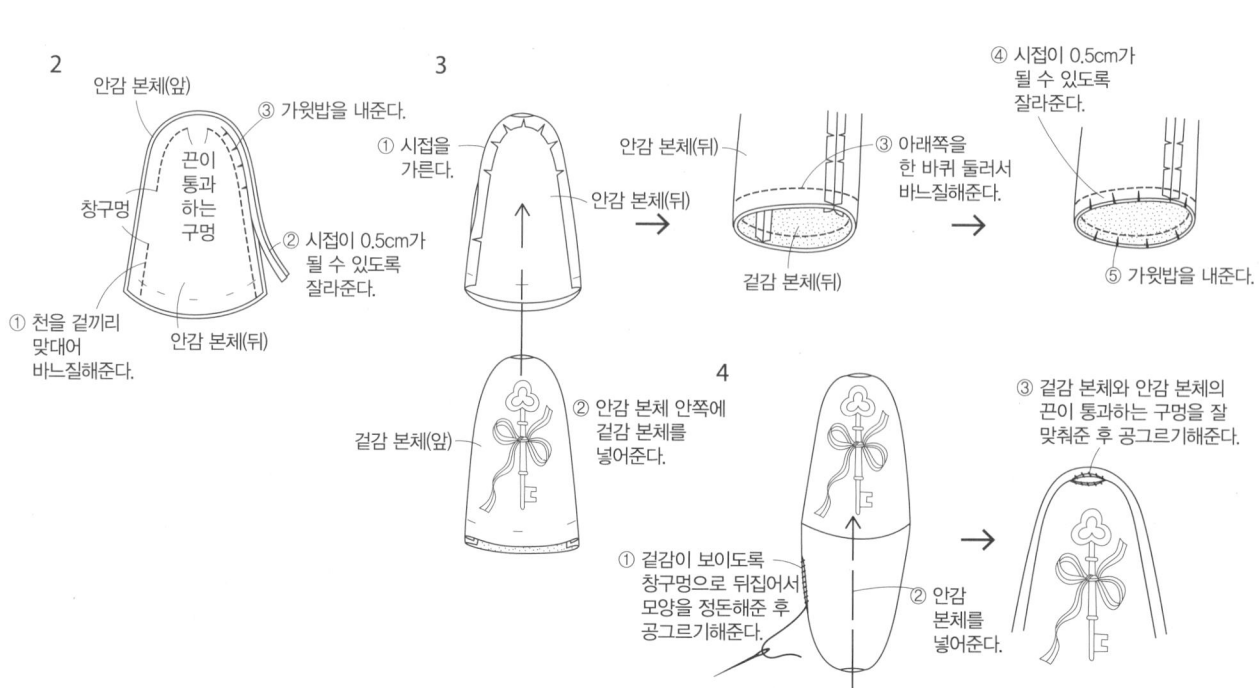

※ 100% 크기로 사용
※ 색 번호는 모두 DMC 25번사 자수실을 사용
※ S는 스티치의 줄임말
※ 모두 두 가닥 사용

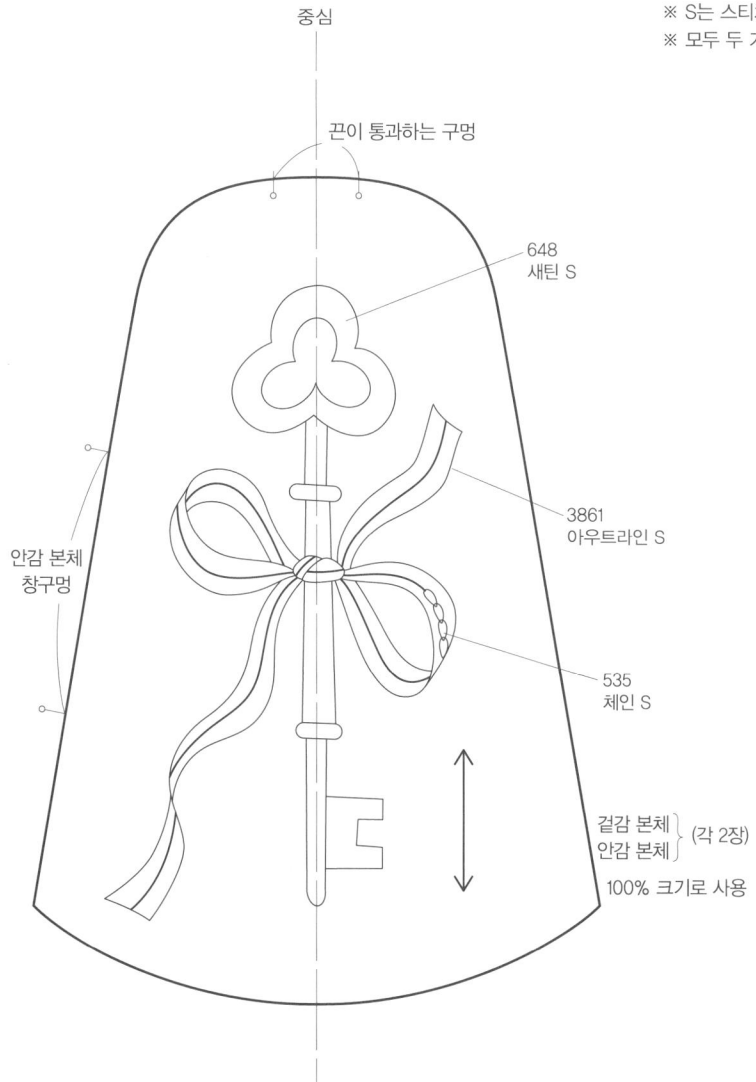

중심
끈이 통과하는 구멍
648
새틴 S
3861
아우트라인 S
안감 본체 창구멍
535
체인 S
겉감 본체
안감 본체 } (각 2장)
100% 크기로 사용

5

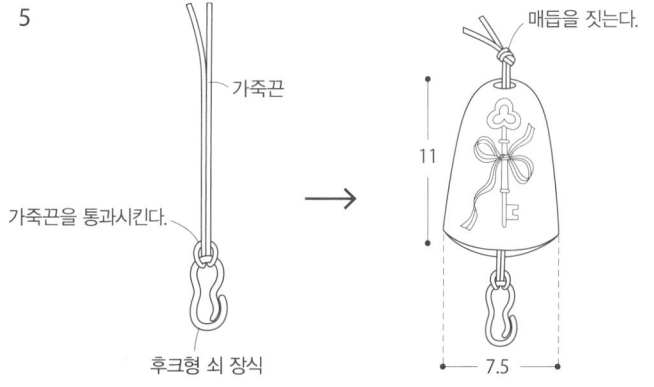

가죽끈
가죽끈을 통과시킨다.
후크형 쇠 장식
매듭을 짓는다.
11
7.5

p. 34
리본 자수 원피스

〈DMC 25번사 자수실〉
168, 316, 317, 370, 938, BLANC

〈자수〉
좋아하는 원피스에 자수를 놓는다. (해당 작품은 CHECK & STRIPE의 오리지널 내추럴 HOLIDAY, 네이비를 사용한 CHECK & STRIPE의 패턴 148, 원피스)

※ 100% 크기로 사용
※ 색 번호는 모두 DMC 25번사 자수실을 사용
※ S는 스티치의 줄임말
※ 지정 가닥수 이외에는 모두 두 가닥을 사용

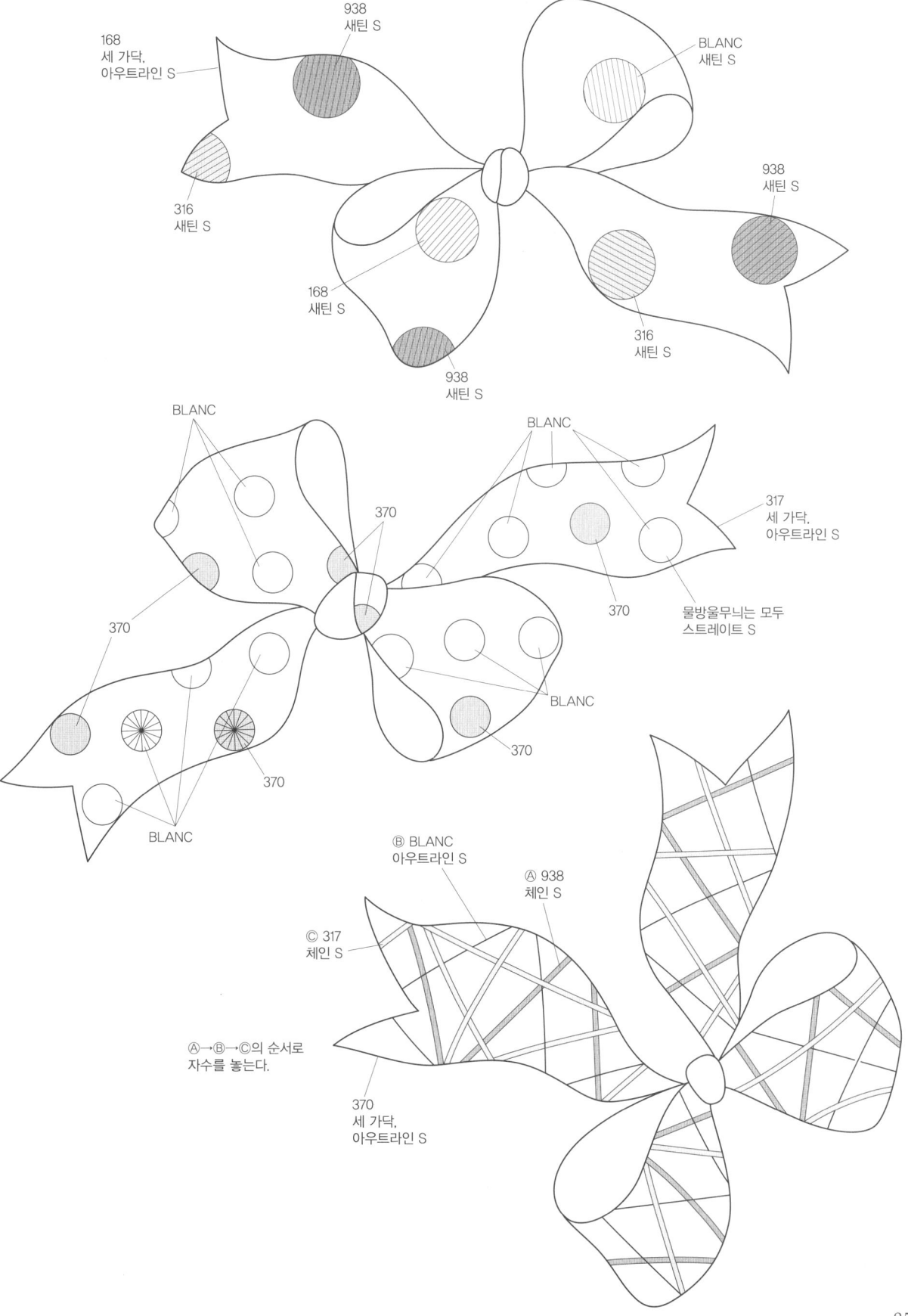

p. 36
단추 자수 샘플러

〈DMC 25번사 자수실〉
08, 355, 779, 823, 832, 926, 3363, 3371, 3774, 3865, ECRU

〈재료〉
천(CHECK & STRIPE의 오리지널 부드러운 리넨, 머시룸)

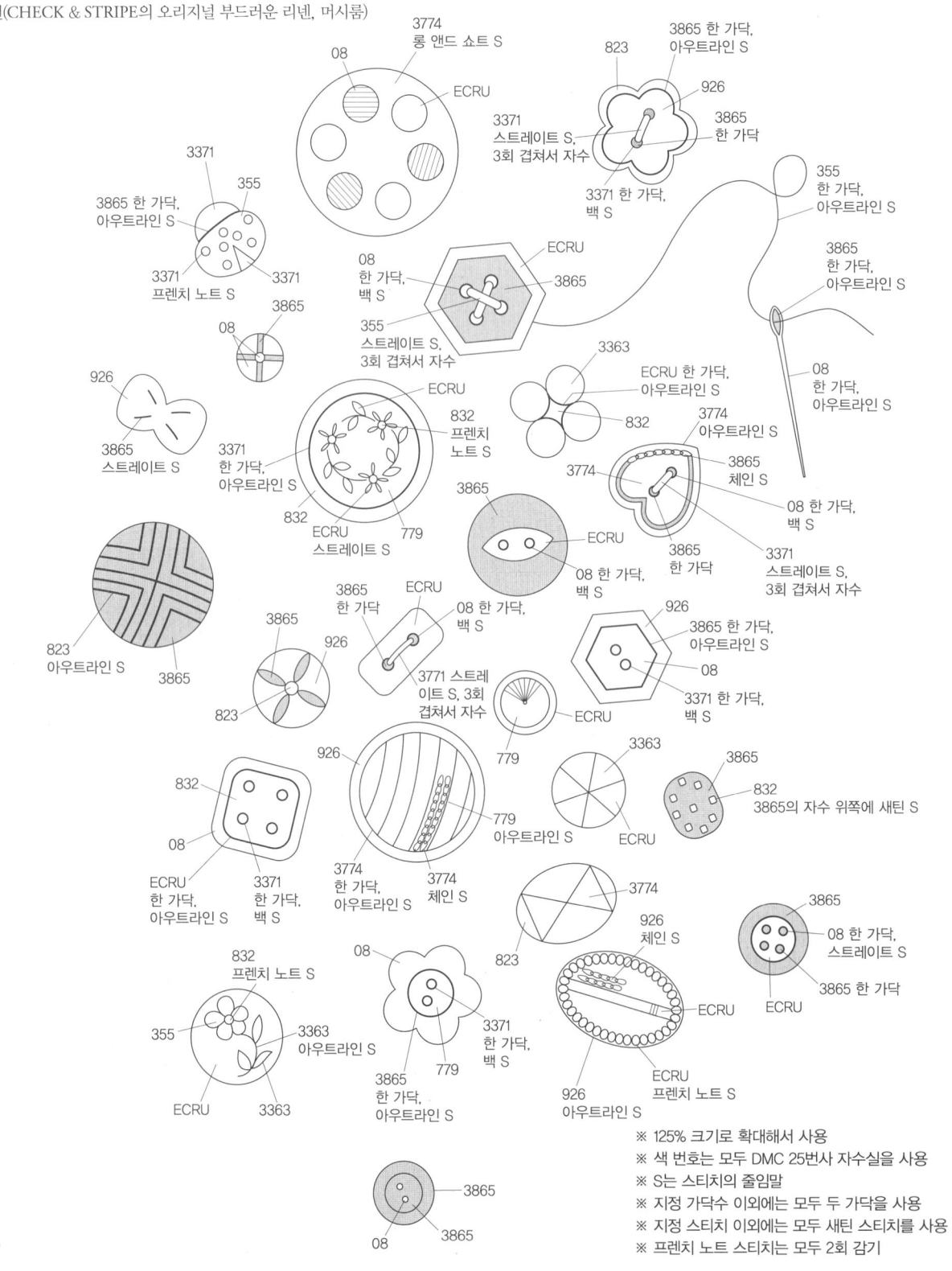

※ 125% 크기로 확대해서 사용
※ 색 번호는 모두 DMC 25번사 자수실을 사용
※ S는 스티치의 줄임말
※ 지정 가닥수 이외에는 모두 두 가닥을 사용
※ 지정 스티치 이외에는 모두 새틴 스티치를 사용
※ 프렌치 노트 스티치는 모두 2회 감기

p. 37
단추 자수 발레 슈즈

〈DMC 25번사 자수실〉
BLANC, 413, 712, 926, 3023

〈자수〉
좋아하는 발레 슈즈에 자수를 놓는다.

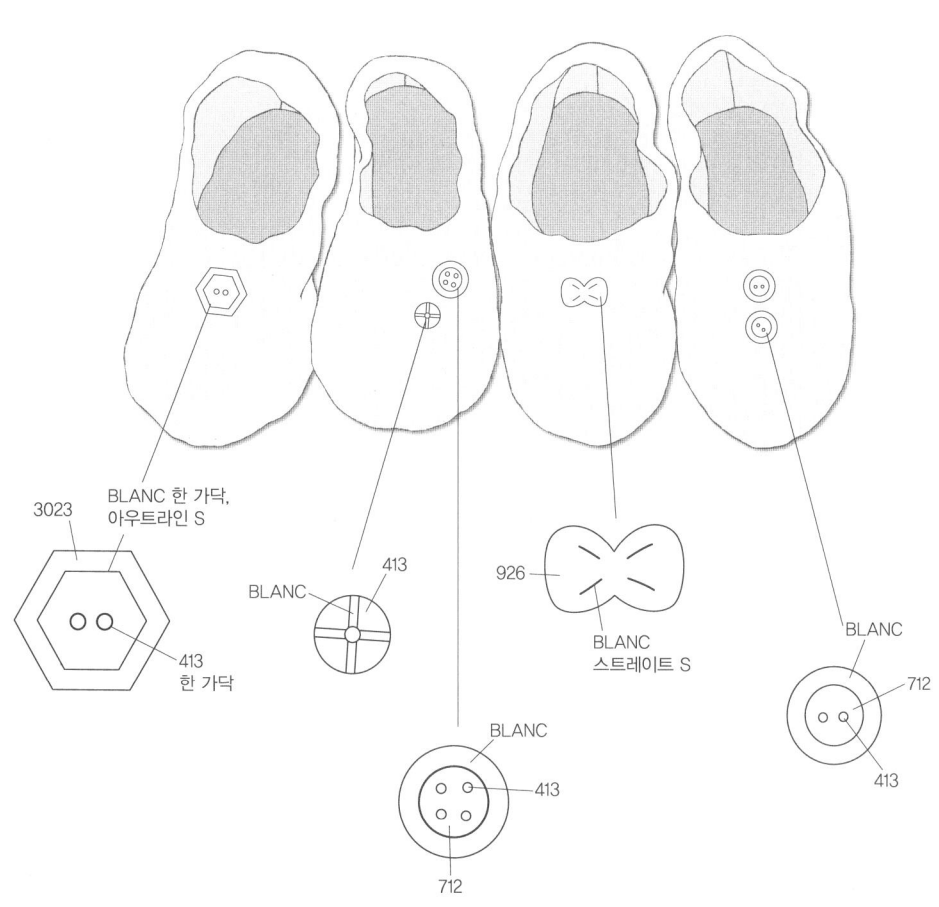

※ 100% 크기로 사용
※ 색 번호는 모두 DMC 25번사 자수실을 사용
※ S는 스티치의 줄임말
※ 지정 가닥수 이외에는 모두 두 가닥을 사용
※ 지정 스티치 이외에는 모두 새틴 스티치를 사용

호라이 와카코

효고현 출생, 교토시 거주. 교토시립예술대학 미술학부 공예과 염직 전공 졸업. 2009년부터 Rairai라는 이름으로 유럽과 미국의 빈티지 천이나 부품을 사용한 서양 복식 디자인과 제작 활동을 시작했다. 서양 복식의 옛 감성을 불러일으켜 줄 만한 섬세한 자수가 주목을 받게 되면서 '몸에 걸치는 자수'라는 작품 제작 콘셉트를 중심으로 활동 중이다. 현재는 전시회에서 작품을 판매하거나 잡지에 작품을 제공하고 키트 디자인, 웨딩드레스 주문 제작 등 폭넓게 활약 중이다. 저서로는 『장식 자수와 소품』(이아소)이 있다.

http://www.atelier-rairai.com

감수 장영진

수놓는 시간의 고요함이 좋아 자수에 빠지게 되었다. 일본수예보급협회 김예원 지도원에게 사사했으며, 한 땀 한 땀 놓다보면 어느새 완성되는 자수의 매력을 알리고자 현재 목동에 '자수공방, 에트'를 운영 중이다. 오래도록 자수를 즐길 수 있기 바라는 마음을 담아 수강생들을 가르치고 있다.

번역 전지혜

대학에서 이공 계열을 전공, 일본에서 유학한 후 일본계 전자회사에서 일하면서 익힌 전문적인 내용을 바탕으로 번역 일을 시작했다. 번역 일을 천직이라 느껴 2014년부터 본격적으로 프리랜서 번역가로 전향했다. 현재는 다수의 산업 번역과 함께 수많은 출판 번역을 함께 진행하며 활동 중이다. 주요 역서로는 《PDCA 노트》, 《그림으로 생각하면 심플해진다》, 《적게 자도 괜찮습니다》, 《카메라, 시작해보려 합니다》 등이 있다.

SHISHU DE TSUZURU HIBI NO YOSOOI by Wakako Horai
Copyright © Wakako Shimano 2017
All rights reserved.
Original Japanese edition published by EDUCATIONAL FOUNDATION BUNKA GAKUEN BUNKA PUBLISHING BUREAU

This Korean edition is published by arrangement with
EDUCATIONAL FOUNDATION BUNKA GAKUEN BUNKA PUBLISHING BUREAU, Tokyo
in care of Tuttle-Mori Agency, Inc., Tokyo through Shinwon Agency Co., Seoul.

북디자인	아마노 미호코
촬영	오단 마치코, 야스다 조스이 (프로세스 분카출판국)
스타일링	호리에 나오코
모델	루카
헤어메이크업	나라이 유미
바느질 방식 해설	아미타 요코
도면	다이라쿠 사토미
교열	무카이 마사코
편집	미스미 사야코 (분카출판국)

- 자수실 제공
  DMC TEL. 03-5296-7831
  http://www.dmc.com

- 천과 옷 패턴 제공
  CHECK & STRIPE
  http://checkandstripe.com

- 부자재 제공
  쓰노다상점
  http://www.towanny.com

- 도구 제공
  클로버
  http://www.clover.co.jp

자수로 만드는 나만의 패션

2019년 8월 10일 초판 인쇄
2019년 8월 20일 초판 발행

펴낸이	김정철
펴낸곳	아티오
지은이	호라이 와카코
감 수	장영진
번 역	전지혜
편 집	이효정
전 화	031-983-4092
팩 스	031-983-4093
등 록	2013년 2월 22일
정 가	16,000원
주 소	경기도 김포한강11로 322 더파크뷰테라스 551호
홈페이지	http://www.atio.co.kr

* 아티오는 Art Studio의 줄임말로 혼을 깃들인 예술적인 감각으로 도서를 만들어 독자에게 최상의 지식을 전달해 드리고자 하는 마음을 담고 있습니다.

* 잘못된 책은 구입처에서 교환하여 드립니다.
* 이 책의 저작권은 저자에게, 출판권은 아티오에 있으므로 허락없이 복사하거나 다른 매체에 옮겨 실을 수 없습니다.

〈본 책에서 소개한 작품 전부 혹은 일부분을 상품화, 복제배포 및 콩쿨 등의 응모작으로써 출품하는 것은 금지되어 있습니다.〉